JN014911

賢明なる個人投資家への道

KABU 1000
かぶ1000

The Road to
Becoming
a Wise Investor

ダイヤモンド社

はじめに

みなさま、はじめまして。専業投資家の、かぶ１０００と申します。このたびは私の２冊目の著書『賢明なる個人投資家への道』をお買い上げいただき、ありがとうございます。

私は中学２年生の頃、貯金40万円を元手に株式投資をスタートしました。２０２１年で投資歴は33年になり、累積利益は４・５億円を超えるまでになりました。

２０２１年１月に刊行した私の初の著書『貯金40万円が株式投資で４億円　元手を１０００倍に増やしたボクの投資術』は、幸いにも多くの方々に読んでいただけました。

読者のなかには、私が投資を始めたのとほぼ同い年の中学１年生の男子もいました。なんと彼は、私の本を６回もくり返し読んでくれたそうです。中学の同級生にすすめたら、その友だちも読んでくれたそうで、著者としては本当にうれしい気持ちでいっぱいになりました。

参考までに、その中学生に「どこが面白かった？」と尋ねてみると、「ファミコンを転売して稼いでいたというところが面白かったです」とのこと。彼にはそういう発想がなかったそうです。

私は専業投資家になる前の小学生の頃に、リサイクルショップやディスカウントストアでファミコンソフトを安く買い、それをより高値で買いとってくれるお店に転売する「アービトラージ」という手法でお金を稼いでいた時期があります。

アービトラージとは、価格の安いところで購入して価格の高い別のところで売却、その価格差（利ざや）を利用して儲けることから、「サヤとり」とも呼ばれます。

この安く買って高く売るという考え方は、株式投資の基本でもあります。

前著では、資産に対して割安な銘柄を見つけて投資する「バリュー（割安）株投資」について詳しく解説しました。中学生に「バリュー株投資のところはどうだった？」と尋ねてみると、彼からは「正直、よくわかりませんでした」という答えが返ってきました。

この中学生だけではありません。ツイッターなどを介して読者から、「数式がたくさん出てきてちょっと難しかった」とか「バリュー株投資以前に、もっと基本的な話も知りたかった」といった意見が、私のもとにたくさん寄せられました。

そうした声にこたえるために、改めて書いたのが本書というわけです。

日本でもようやく株式投資への注目が集まるようになり、証券口座を開設する人たちが増えています。

大手ネット証券の楽天証券は2021年5月、証券口座数が600万口座を突破したと発表しました。前年12月に500万口座を突破してから、約5か月で100万口座も増加。30代以下の利用者が全体の40％以上と比率を拡大しています。

その一方で、いまだに「株ってよくわからない」「株は危ないんじゃないか」「株はギャンブルでしょ」といったネガティブな印象を持っている人も、まだまだ多いのが実態です。

たしかに一攫千金を狙った投機（ギャンブル）的な株取引をして、失敗している投資家もいます。しかし、それだけを見て「株は危ない」と決めつけるのは間違っていますし、手っとり早く稼ぎたいと投機的な株取引に走るのも間違っていると私は思います。

そもそも、「投資」と「投機」は、まったく異なるものです。

目先の金儲けではなく、あくまで中長期の長い目で株式投資に向き合い、正しい情報を得つつ自分の頭で考えて、失敗しながらも自分自身で銘柄選定や売買の判断を下すのが「賢明なる個人投資家」への第一歩だと私は考えています。

「儲かる銘柄を教えてください！」と他人の意見に依存しがちな人は多いですが、それで儲かるとは限りません。また、それではいつまでたっても投資家としてスキルアップできませんし、自分に合った再現性のある投資手法を得られません。

正しく実践すれば、株式投資は人生を豊かにする最良のパートナーとなり、私のような専業投資家ではない、会社員や主婦をやりながらの兼業投資家でも、株式資産1億円突破の「億り人」を目指せると私は考えています。

投資未経験だった私の母やかみさんも、私の影響で株式投資を始め、2人とも「億り人」になっています。

私の最初の著書（49ページ）にも書きましたが、ベンジャミン・グレアム著『賢明なる投資家』は、私の投資家人生を変えた1冊です。１９４９年に出版された本ですが、いまでも十分通用する内容です。

本書のタイトルは、同書へのリスペクトの念を込めたものでもあります。グレアムのように、時代がたっても変わらない「投資の本質」をこれからみなさまにお届けしたいと思っています。

本書は「基礎編」「応用編」「番外編」という3つのパートで構成されています。

基礎編では、資産をお金（現金）だけで持つことがいかに危険か、そしてお金の置き場所として株式が最適な理由について説明しています。漠然と現金がいちばん安全だと思っている人にとっては、目からウロコが落ちる話だと思います。

応用編では、他人に頼らないで、自立した株式投資をするための知識をまとめています。資産ステージごとの投資術についても詳しく解説しています。

番外編は、個人投資家としてさらに大きく成長するために、知っておくべきことを解説しています。

本書を通じて株式投資に興味を持つ個人投資家が1人でも増えて、株式市場がいま以上に活気にあふれ、日本という国を少しでも元気にすることにつながるとしたら、著者として大変うれしい限りです。

専業投資家かぶ1000ヒストリー

学生投資家の誕生

1988年　中学２年のとき、満期になった定額貯金40万円を元手に株式投資を始める

1989年　バブル絶頂期で日経平均株価最高値を更新、低位株上昇で中３で資産額300万円

1990年　店頭株（現・ジャスダック）の高騰が続き、資産額は高２で最大1500万円に

1991年　会社の財務指標を理解したくて会計系専門学校へ。簿記、販売士の資格を取得

1992年　前年の湾岸戦争の影響で店頭株も暴落。資産額は一気に200万円まで減少

アービトラージから専業投資家へ

1994年　専門学校卒業後、株式投資を続ける一方、パチプロとして「期待値」を学ぶ

1996年　パチプロから金券ブローカーに。アービトラージ（サヤとり）を極める

1998年　前年からのアジア通貨危機で投資チャンス到来。NHKスペシャル『マネー革命』に刺激を受け、資産運用の勉強を本格的に始める。専業投資家として生きる決意を改めて固める

1999年　ITバブル到来も、バリュー株投資に専念していたため、流れには乗れず

2000年　ITバブル崩壊。バリュー株は逆行高でバリュー株投資の有効性を実感。ベンジャミン・グレアム著『賢明なる投資家』に出合い、バリュー株投資の研究を重ねる

バリュー株投資家として累積利益４億円突破

2001年　これまでの株式累積利益609万円を元手にネット証券へ。株式投資を本格始動

2003年　「Yahoo!掲示板」で情報発信を始める。その際「かぶ1000」というハンドルネームを名乗る。株専業でありたい、株式で年収1000万円を稼ぎたいという思いを込めた

2004年　当初の目標額だった累積利益3000万円を達成する

2008年　リーマン・ショックにより、バリュー株投資家転身後、初めて年間でマイナスに

2011年　東日本大震災後、急落した東京電力株を信用買いで勝負。累積利益１億円突破

2013年　日本商業開発株で初のテンバガー（10倍株）達成。累積利益２億円突破

2016年　累積利益３億円突破

2019年　累積利益４億円突破

2021年　初の著書『貯金40万円が株式投資で４億円　元手を1000倍に増やしたボクの投資術』（ダイヤモンド社）を刊行

目次

基礎編 1

お金の本質を知る

基礎編 2

お金は株式にするのが正解

応用編 1

投資家として成長する

応用編 2 株式投資の5つのステージ

番外編 1

本質的な価値を見極める

番外編 2

投資家としての五感を鍛える

基礎編❶

お金の
本質を知る

お金の価値は70年間で8分の1に下がっている

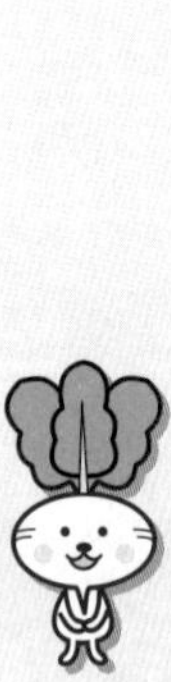

この本を手にした人の多くは、「将来のために株式投資でお金を増やしたい」とか「給料以外にお金を稼ぐ方法が知りたい」と思っているのではないでしょうか？

要するにお金に興味を持っているわけですが、「お金の本質」が一体どういうものなのかを理解している人は、少ないのではないかと思います。

投資してお金を増やしたいと思うのなら、まずはお金の本質をしっかりと知っておいたほうがいいと思います。

「お金の本質の話なんか、どうでもいい。お金を増やす方法を早く教えて！」という声が聞こえてきそうですが、大事なことなのできちんと踏まえておきましょう。

なぜならお金の本質を知ることこそ、お金を増やす仕組みや性質を活かしていく大前提になるからです。

そこで、もったいぶらずにズバリ、結論をいいましょう。

お金の本質とは、時間とともにその価値がだんだん下がっていく点にあります。

このことを知ってもらうために、ちょっとしたクイズを出しましょう。

明治13年（１８８０年）の１万円は、約１４０年後の令和元年（２０１９年）の貨幣価値に換算すると、一体どれぐらいになるのでしょうか？

明治13年といえば、１万円札にも描かれている福澤諭吉が、東京・銀座に日本初の実業家社交クラブ「交詢社《こうじゅんしゃ》」を創った年です。のちの東京銀行（現・三菱ＵＦＪ銀行）の前身である「横浜正金《しょうきん》銀行」が創業したのも同じ年。アメリカでは、発明王トーマス・エジソンが、白熱電球の特許を取得しています。

さて、クイズの答えはというと、なんと「５３４２万１７７５円」にもなります。実に５３４２倍！

つまり、明治13年の１万円は、令和元年では５３４２万１７７５円に相当するのです。

いい換えれば、**この約１４０年間で１万円の価値は、なんと５３４２分の１になったということです。**

この計算は、ＣＰＩ（消費者物価指数）をもとに貨幣価値（物価）を算出したものですが、ネット上の「日本円消費者物価計算機」で簡単に計算できます。

明治時代との比較だと、さすがに昔すぎてピンとこないかもしれません。

そこで、昭和と令和で比べてみましょう。

昭和24年（１９４９年）の1万円は、70年後の令和元年（２０１９年）の貨幣価値で換算すると一体どれぐらいになるのでしょうか？

昭和24年は、終戦から4年。湯川秀樹博士が、日本人初となるノーベル賞（ノーベル物理学賞）を受賞した年です。

翌年には、朝鮮戦争が起こり、その特需は昭和30年に始まる高度経済成長のきっかけとなりました。

さて、答えはというと、７万７７１０円（７・77倍）です。

この70年間で、日本円の価値は約8分の1になっているのです。

会社員の給料も、アルバイトのバイト代も、現金でふり込まれています。

最近では、電子マネーやクレジットカード払いが増えていますが、いずれも銀行口座などの現金残高から引き落とされる仕組みになっています。

日常生活を送るうえでの支払い手段である最低限の現金残高は別として、それを超えるお金（余剰資金）を現金のままで持っていると、その価値は下がり続けることになりますから、結果的には損をしてしまいます。

余ったお金を現金のまま持っていないで、どのように保有するのが正解なのか。その方法を考えていくのが資産運用の原点であり、その1つとして最適なのが株式投資なのです。

では、なぜ株式投資なのか？

これについてはのちほどさらに詳しく述べるので、引き続きお金の本質について見ていくことにしましょう。

日本はデフレなのか、インフレなのか？

経済活動における財とサービスの価格が上昇することを「インフレーション」（略してインフレ）といいます。これは、物価上昇によりお金の相対的価値が下がることを意味します。

「インフレ＝物価が上がる」ことだと理解している人が多いと思いますが、それは、**お金の価値が下がることにより、物価が上がっているように見えるからです。**

こう聞くと、ちょっと経済に詳しい人は、「いまの日本はインフレじゃなくて、デフレでしょう」と違和感を持つかもしれません。

たしかに、１９９１年のバブル崩壊以降は、長期におよぶバブル経済の後処理と、インフレとは真逆のデフレ（デフレーション）に苦しんだと考えられており、「失われた30年」とも呼ばれてきました。

では、いまの日本はデフレなのでしょうか、それともインフレなのでしょうか？

デフレとは、ものやサービスの価値に対して、お金の価値が上がり、ものの値段が下がることです。

デフレになると消費者は物価の下落を折り込み、消費を控えるためにものが売れなくなり、景気は悪くなります。それにより企業の業績が悪化するため、賃金が下がったり、非正規雇用（パートタイマー・契約社員・派遣社員など）がリストラされたりするケースも出てきてしまいます。

すると、消費者は財布のひもをさらにきつく締めて、ものを買わなくなる悪循環に陥ります。すると、さらにものの需要が減り、ものが売れなくなるため、企業はものの値段をもっと下げざるを得なくなります。それが企業の業績悪化を招き、それによって物価が下落するデフレが、よりいっそう進んでしまいます。

これが、デフレが連鎖するという意味を込めた「デフレスパイラル」と呼ばれる悪循環です。日本経済は、バブルの崩壊後しばらくたった1999年あたりから、デフレスパイラルに陥り、不景気が続きました。

では、バブル崩壊以降、日本経済はなぜデフレに陥ったのでしょうか？

その理由は大きく分けて3つあります。

日本経済がデフレに陥った1つ目の理由は、少子高齢化の影響です。

先進諸国は、多かれ少なかれ、少子高齢化の道を歩んでいますが、日本はそのトップランナーであり、ものすごいスピードで少子高齢化が進んでいます。

少子高齢化で人口が減少すると、ものを買う需要が減ります。需要が減少すると、ものの値段が下がるデフレになりやすくなります。

デフレに陥った2つ目の理由は、賃金がなかなか上がらないことです。

賃金が上がらないと家計にゆとりがなくなり、消費を控えようとします。財布のひもが固くなり、ひいてはデフレを進行させる要因になります。

日本で賃金が上がらない最大の理由は、「終身雇用」「年功序列」にあると私は思っています。

終身雇用も年功序列も崩壊したといわれますが、能力給が広がってきたとはいえ、従来と同じような雇用形態を維持している企業は少なくありません。

日本では法律で正社員の権利が守られており、一度正社員として雇うと、業績が悪化しても容易にリストラできません。企業側は、潜在的なリストラ要員を抱えておける体力を養うために、正社員に対して低めの賃金を提示せざるを得ないのです。

正社員の賃金を抑えると同時に、企業は非正規雇用の割合も増やします。非正規雇用の賃金は正社員よりもさらに低く、正社員よりリストラしやすいからです。

デフレに陥った3つ目の理由は、対外的に見て「円」という日本の通貨が強いことです。

外国為替の世界で「日本円」は安全資産であり、いざというときの資金の逃避先として、まだまだ高く評価されています。その裏づけになっているのは、日本が持つ世界最大の「対外純資産」です。

対外純資産とは、日本の政府や企業が、海外で持っている「資産」から「負債」を引いたもの。2020年末の対外純資産は356兆9700億円もあり、日本は30年連続で世界最大の対外純資産国の座をキープしています。

海外にこれだけ多くの資産を持っているため、日本円は安全資産とされ、資金の逃避先として評価されているのです。

外国の通貨に対して日本円が強い状態が「円高」です。

円高だと、物価が安い海外から原材料などを安く輸入できるので、自動車など輸出産業の調達コストが抑えられます。需要が減り、価格を下げないと売れないデフレの状況を乗り越えるには、コストを抑えてものを製造しなくてはなりません。

円高を利用して海外から安いものを輸入すると、それだけ供給が増えます。すると需要とのギャップがさらに広がり、ものの値段が下がるデフレスパイラルにつながります。

原材料費だけではありません。企業は人件費をカットするため、製造業を中心に生産拠点を人件費が安いアジア諸国などに移します。いわゆる「国内産業の空洞化」です。

よく知られているように、世界のアパレル業界で時価総額トップの座を争っているファーストリテイリング（9983）が運営するユニクロやGUの服は国内生産ではなく、中国を始めとするアジア諸国でつくられています。

企業が海外に生産拠点を移して国内産業の空洞化が進むと、国内の仕事が減りますから、余計に賃金は上がりにくくなります。収入が減ると安いもののほうがよく売れるようになり、ますますデフレから抜け出せなくなるのです。

日本の現金主義は世界的に見ると「異常」

日本人はもともと現金が大好きです。お年玉や冠婚葬祭など、現金が活躍する場面は、たくさんあります。近頃になって普及してきているとはいえ、日本の個人消費に占める２０２０年のキャッシュレス決済の割合は29・７％にとどまっています。

お隣の韓国では、キャッシュレス決済は決済全体の95％前後を占めており、中国でも約77％に達しているのとは対照的です（一般社団法人キャッシュレス推進評議会「キャッシュレス・ロードマップ２０２１」より）。

その現金好きに、デフレが拍車をかけました。デフレ下では、相対的にお金の価値は上がりますから、現金で持っていたほうが安心だという風潮が広がったのです。

日本銀行（日銀）が発表した２０２１年４～６月期の「資金循環統計」によると、２０２１年６月末時点で、**個人（家計）が保有する金融資産は１９９２兆円。そのうち現金・**

預金が１０７２兆円と過去最高を更新し、全体の53・8%を占めています。

バブル崩壊直前の１９９０年では、現金・預金が占める割合は48・５%でしたから、日本人の現金主義はデフレの影響で強まっているのです。

１０７２兆円のうち、銀行などに預けている預金は９７０兆円で、自宅に現金として保管する「タンス預金」は１０２兆円と、ともに過去最高となっています。

２０２１年度の一般会計の総額は１０６兆６０９７億円ですから、**タンス預金の総額は、なんと日本の国家予算に匹敵する規模なのです。**

一説によると、日銀が刷っている紙幣のうち、およそ半分は〝タンス預金〟として眠っているともいわれています。２０２０年には、新型コロナ対策で１人10万円の特別定額給付金が配られましたが、それが消費に回されることは少なく、タンス預金に納まったとの見方もあります。

私が小学生で預金を始めた頃、郵便局の定額貯金の金利は年率７・12%（１９８０年４月時点）でした。預けっ放しにして「複利」で運用すると、10年後にはおよそ2倍になる計算です（複利については51ページ参照）。

ところが、いまのゆうちょ銀行の定額貯金（2021年10月4日現在）は、3年以上でも0・002%。通常貯金（0・001%）と大差ない超低金利で、**100万円を預けても受けとれる利息は年間20円にしかなりません**（**さらに税金が引かれます**）。**これでは複利で何年間運用したとしても、お金はまったくといっていいほど増えないのです。**

それでも利息がつくだけ、まだマシです。タンス預金は利息が1円もつきませんし、多額の現金を自宅に置いておくのは防犯上危険でもあります。

泥棒に盗まれる恐れもありますし、火事になったら紙幣は燃えてしまいます。居住地によっては、大地震が起こって津波で流される可能性だってゼロではないのです。

それに対して、**日本で個人が株式などに投資している金額は、金融資産全体の10・0%、投資信託が4・3%にとどまっています。これは世界的に見ても、極めて異例なのです。**

アメリカやユーロ圏と比較してみましょう（日本銀行調査統計局2021年8月20日「資金循環の日米欧比較」）。

個人の金融資産に現金・預金が占める割合は、アメリカで13・3%、ユーロ圏で34・3%となっています。アメリカの個人が現金・預金を保有している割合は、日本の約4分の1

日米欧の金融資産

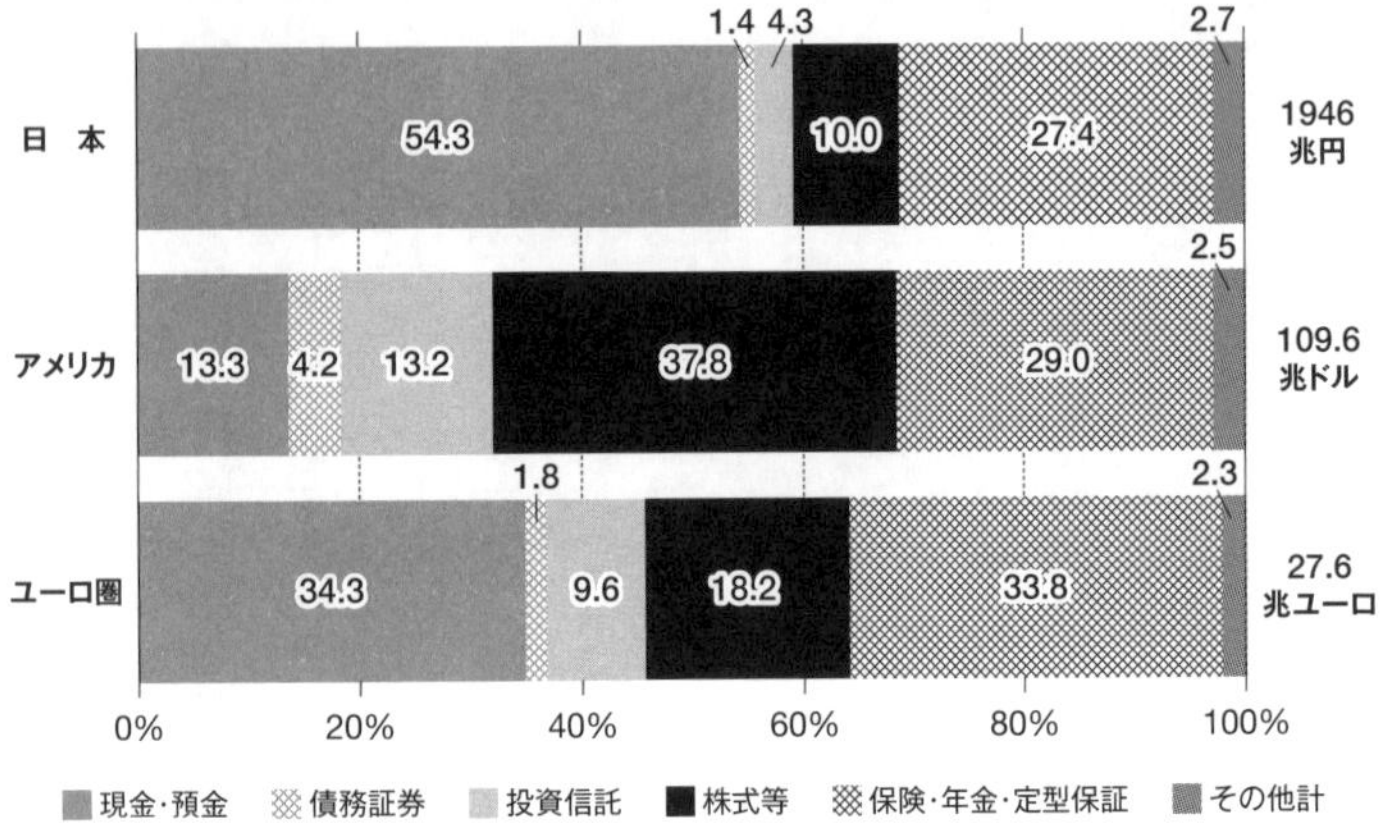

日本銀行調査統計局「資金循環の日米欧比較（2021年）」をもとに作成。「その他計」は、金融資産合計から「現金・預金」「債務証券」「投資信託」「株式等」「保険・年金・定型保証」を除いたもの。

にとどまっています。

一方、株式などに投資している割合は、アメリカで37・8％、ユーロ圏が18・2％。投資信託に投資している割合は、アメリカで13・2％、ユーロ圏が9・6％。**アメリカの個人が、株式などに投資している割合は、日本の3・5倍以上です。**

日本人が株式などの投資に積極的でない原因は、現金主義が長年染みついていることに加えて、やはり「終身雇用」「年功序列」の影響も大きいと私は考えています。

突然ですが、「モノポリー」というボードゲームをご存じでしょうか？　モノポリーでは、ボードを1周まわると必ず２００ドルがもらえます。それを元手に不動産を買い、資産のモノポリー（独占）をどうやって果たすかを競うゲームです（細かいルールは商品によって異なります）。

終身雇用や年功序列は、このモノポリーのようなもの。横領などの深刻な不祥事を起こして解雇でもされない限り、定年まで毎月決まった給料がふり込まれます。

それは日々の暮らしに経済的安定をもたらしますが、一方で自分の家計を自分の力で守り抜くという思考を奪い、投資に積極的にとり組もうというモチベーションを下げているのではないかと思うのです。

これと対照的に、アメリカで個人の投資が盛んなのは、年功序列ではなく能力給や年棒制が主流だからでしょう。

企業の業績が少しでも傾けば、正社員でも容赦なくレイオフ（一時解雇）されてしまい、来月も再来月も決まったお金がもらえる保証はありません。

ですから、自ら家計を守るためにアクションを起こさなければならないという意識が強く、それがアクティブな投資の原動力になっているのではないかと思います。

デフレは終わり、インフレが進もうとしている

私は昔から現金も預金もできるだけ持たず、投資に回してお金に働いてもらう主義ですが、百歩譲ってデフレの間なら、現金・預金で持っていても価値の目減りは避けられます。

しかし、２０１２年のアベノミクス以降、量的緩和でお金が市中にじゃぶじゃぶと供給されるようになり、状況は一変しました。

不景気は相変わらずですから、企業も設備投資などにお金を使いにくいため、いわゆる〝カネあまり〟の状況が続いています。それにより、デフレからインフレへの転換が起こってきたのです。

それに加えて、２０２０年以降の新型コロナウイルスの経済対策では、日本に限らず、先進諸国で大規模な金融緩和と財政出動が行われたので、カネあまりは世界的な現象になりました。

「カネあまり＝インフレ」であり、余ったお金はおもに株式市場と不動産市場に流れ込みました。

その結果、コロナ禍で一時は1万6000円台まで下落した日経平均株価は急回復して、2021年2月には1990年8月以来、30年半ぶりに3万円の大台に乗せました。

アメリカのニューヨーク市場の「ダウ平均株価」（ニューヨーク・ダウ）と、IT企業などが占める「ナスダック総合指数」といったインデックス（株価指数）は、ともに2021年に入って史上最高値を更新したのです。

日本で株式とともにインフレの影響がはっきり表れているのが、不動産価格です。

国土交通省が公表している「不動産価格指数」（年間およそ30万件の不動産の取引価格情報をベースとして指数化したもの）は、2012年のアベノミクス以降、じわじわと上昇を続けています。

特に上昇の度合いが大きいのが、マンション（区分所有）の価格です。2010年の平均を100とした場合、2021年には165・8、つまり約1・6倍になりました（令和3年6月分・季節調整値）。

2010年に4000万円で買えたマンションが、2021年には6400万円になっているということです。

マンション価格を基準にすると、2010年の1万円は、2021年には6250円の価値しかないことになります。

東京都の港区や千代田区のような都心の一等地にある高級マンションの場合、坪単価がこの10年で2倍になったところもあります。

こうしたマンション価格を基準にすると、2010年の1万円は、2021年には半分の5000円の価値しかなくなったともいえるのです。

少子高齢化で人口減少が進む日本では、地方での不動産価格は下がる可能性があります。しかし、話を東京都心の一等地に限ると、インフレの進行によって不動産価格はさらに上昇することも考えられます。

価格が上がったとはいえ、ニューヨーク・ロサンゼルス・ロンドン・パリ・香港・ソウルといった海外の主要都市に比べると、東京の不動産価格は割安であり、海外から今後も資金が流入する余地があるからです。

日本では土地の所有権が認められていますが、世界第2位の経済大国である中国では認められていません（個人が購入できるのは、建物とその土地の使用権のみ）。

そのため、日本の土地を所有したいと考える中国の富裕層が多くなり、東京都心の地価を押し上げる要因の1つになっています。

このまま不動産価格が上がり続けると、都心の不動産が買えるのは裕福な日本人と外国人だけになり、多くの人は黙って指をくわえて見ていることにもなりかねません。

ちなみに、明治5年の東京・銀座の土地は、1坪5円でした。それが現在では1坪4億円で取引される物件も出てきています。

明治時代の公務員の初任給は50円（明治27年）でしたから、公務員が初任給で銀座の土地を10坪買っていれば、その子孫は40億円を手にすることができた計算になります。

ディズニーチケットを基準にすると１万円は５０００円の価値しかない

インフレの進行を実感できるより身近なものに、テーマパークの入場料があります。

東京ディズニーランドが開園したのは、１９８３年。チケット（ワンデー・パスポート）は当時、３９００円でした。それから毎年のように値上げを続けており、バブル期の１９８９年には４４００円になりました。

そして２０２１年時点では最高９４００円と、バブル期の2倍以上になっています。

ディズニーランドのチケット代を基準に考えるなら、１９８９年の１万円は、30年後の２０２１年ではおよそ半分の５０００円の価値しかないのです。

ユニバーサル・スタジオ・ジャパン（ＵＳＪ）の1デイ・スタジオ・パスの料金も、右肩上がりを続けています。開業した２００１年には５５００円だったものが、２０２１年時点では、最大９２００円になっているのです。

1デイ・スタジオ・パスを基準に考えると、この20年間でお金の価値は約40％減り、2001年の1万円は、2021年では6000円の価値しかないことがわかります（ディズニーランドもUSJも、もっともスタンダードな大人1日料金で比較しています）。

あれこれ例を出しても、コンビニのおにぎりやハンバーガーなどの値段は上がっていないので、インフレという実感が湧かない人が多いと思います。

食べ物などの生活必需品の値段に限っていうなら、日本の物価は後進国並みだからです。それが、消費者物価指数がいつまでたっても上がらない理由の1つでもあります。

不動産価格やテーマパークの入場料などと異なり、生活必需品を扱う企業側は値上げで消費者離れが起こらないように工夫を重ねています。

その企業努力がわかりやすいのは、食品業界です。

たとえば、紙パックの牛乳では従来1ℓ入りだったものが、900mℓ入りに変更された商品があります。値段すえ置きでも、容量が10％減ったのですから、実質的には10％の値上げです。

同じようにヨーグルトの容量を450mℓから400mℓに変更したメーカーもあります。

このように値段すえ置きで内容量を減らす実質的な値上げは、「こっそり」「隠密」を意味する英語から「ステルス値上げ」とも呼ばれています。

食品メーカー側は、単身世帯の増加や食の細い高齢者が増えたことなどをスリム化の理由としていますが、それらに加えて原材料費や輸送費などの上昇分を価格に転嫁せざるを得なくなっているのです。

生活に密着する植物油や小麦粉の値段も、２０２１年に相次いで値上げされました。原料となる植物油の価格上昇により、キユーピーでは主力商品のマヨネーズを、２０２１年7月から最大で10％程度値上げしています。

また、２０２１年には、「ウッドショック」と呼ばれる木材価格の高騰と品不足が深刻化しています。

アメリカや中国で戸建て住宅市場が活況を呈したため、木材先物価格は1年あまりで一時約5倍にまで高騰しました。

木材の約6割を輸入に頼る日本にも影響がおよび、輸入木材の価格は1・3〜1・5倍になったのです。

いまはインフレという実感が湧かなくても、すでに川上の原材料などは値上がりが始まっています。しばらくすればコンビニのおにぎりやハンバーガーといった身近な商品にも値上げの波が押し寄せるようになり、インフレが実感できるようになるかもしれません。

そうなる前に、インフレに備えて、手元の現金を価値が保全できるものに置き換えておくことが大切になってきます。

余談ですが、私の知り合いにネパール出身の男性がいます。彼は日本の永住権を持っていますが、コロナ禍以前はときどきネパールに帰っていたそうです。

その彼がいうには、ネパールの物価はこの20年で20倍以上になったとか。「昔は2円で飲めていたコーヒーが、いまは50円もする」と嘆いていました。

ひょっとすると日本でも、「以前はコーヒーが300円で飲めていたのに、いまは6000円もする！」と嘆く時代がやってくるかもしれません。

お金の価値が下がるのは宿命のようなもの

インフレが起こるのは、お金の宿命のようなものです。しかし、歴史をふり返ってみると、インフレがつねに起こっていたわけではありません。

インフレでお金の価値が下がるようになったのは、「不《ふ》換《かん》紙幣」の時代になってからのことです。

ここで簡単に、お金（貨幣）の歴史をふり返っておきましょう。

人類が文明化してものの生産や流通が活発になると、それまでの「物々交換」の代わりに、誰もが利用価値を認めて受けとりを許諾するものが、お金の役割を果たすようになります。

具体的には、穀物・オリーブ油・貝殻・塩・毛皮・家畜・奴隷などで、これらを**「自然貨幣」**と呼びます。

その後、自然貨幣は、**「金属貨幣」**にとって代わります。もののなかでも、特に価値が高いと考えられた「金」「銀」などの貴金属が使われるようになったのです。

これらの貴金属は時間がたっても腐食しにくく、しかも鋳型《いがた》に流し込めば、大量に同じ品質の硬貨ができるという利点があります。

ヨーロッパではおもに金と銀を硬貨の材料としていましたが、中国や日本などでは当初は銅が盛んに用いられました。

のちには中国や日本でも、金貨や銀貨が流通するようになりました。

経済が発展して流通するお金が増えると、それに見合った貨幣をすべて貴金属でつくり出すのが難しくなります。そこで、運びやすく、安価で大量につくれる紙製のお金が使用されるようになります。それが**「紙幣」**、いわゆるお札です。

世界で初めての紙幣は10世紀に中国でつくられ、17世紀にはヨーロッパでもつくられるようになります。日本でも17世紀の江戸時代には、各藩で「藩札《はんさつ》」という紙幣が発行されるようになりました。

近代になると、先進諸国では、**「兌換《だかん》紙幣」**と呼ばれる紙幣が流通するようになります。兌換とは「引き換える」とか「とり替える」といった意味で、兌換紙幣は同額の金貨や銀貨との交換を約束した紙幣です。

20世紀初頭まで、先進諸国は兌換紙幣を発行していましたが、最終的には現在のような**「不換紙幣」**に置き換わりました。不換紙幣とは、金貨や銀貨との交換が保証されていない紙幣です。

1971年になり、それまで金と交換できる唯一の紙幣だった米ドル紙幣が、一時的な交換停止を発表したことがきっかけとなり（結局は一時的ではなく、恒久的な停止となりました）、世界経済は大きく変わることになります。

これを、その発表を行った当時のアメリカ大統領リチャード・ニクソンの名をとり、「ニクソン・ショック」と呼びます。

不換紙幣になると、政府や中央銀行がその裏づけとなる金貨や銀貨が手元になくても、必要に応じて輪転機を回していくらでもお金が刷れるようになりました。

それによってお金の価値が下がり、つねにインフレリスクをはらむようになったのです。

信用が崩壊した瞬間、金融パニックが起こる

金貨や銀貨の裏づけがなくなったいま、お金は政府の信用力によってその価値を保っています。

財布からお札をとり出してみてください。そこには「日本銀行券」と書かれています。これは**「日本銀行（日銀）が発行する借用書」**という意味なのです。

1万円札を刷るのにかかるコストは、1枚25円程度。しかし、その400倍の1万円の価値があると信じられているのは、紙幣を刷っている日銀を国民が信用しているからです。

本来、日銀のような中央銀行は、政府から独立した中立的な立場であるべきだとされます。しかし、実際のところ、日銀と政府はほぼ一体化しています。

日銀と政府が信用できなくなったら、日本銀行券の価値はなくなり、ただの紙切れとなってしまう可能性だってあります。それは、瞬く間に物価が急騰する「ハイパーインフレ」という状態です。

第1次世界大戦に破れ、多額の賠償金を抱えた20世紀初頭のドイツでは、1923年末には物価水準が戦前の1兆倍以上になるハイパーインフレが起こりました。パン1個を買うのに、何兆マルクも必要になり、100兆マルク紙幣が発行されたほどです。

このハイパーインフレは、遠い昔の話ではありません。

アフリカのジンバブエでは、2000年代初頭、経済政策の失敗などにより、インフレ率2億3000万%というハイパーインフレに陥りました。このとき、ジンバブエの中央銀行は、100兆ジンバブエドル紙幣を発行しています。

南米のベネズエラは、世界屈指の原油埋蔵量を誇る産油国ですが、2015年頃を境として原油価格の下落に直面し、独裁政権の経済政策の失敗が重なって原油に依存していた経済が危機的状況に陥ると、ハイパーインフレが起こりました。治安も悪化して、ここ数年でおよそ数百万人が国境を越えて隣国へ流出したといわれます。

日本では、政府債務残高がGDP（国内総生産）比で266%（国際通貨基金2020年予測）となり、アメリカのほぼ2倍に達しています。それでも債務の大半は国内で保有されているため、現時点で、日本で同じようなハイパーインフレが起こる確率は決して高いとはいえません。

それでも**信用をベースとする不換紙幣で日本経済が回っている以上、その信用が崩壊すれば金融パニックが起こる可能性はゼロではありません。**

そうした金融パニックに対する備えとして、大切な自分の資産を現金以外の方法で持つことを考えるべきなのです。その第一選択肢は、「株式」ということになります。

株式は現金より信用度が高い

信用という視点で見直すと、株式投資の新たな魅力も見えてきます。

現金と株式を比べたら、ほとんどの人は現金のほうが信用できると考えるでしょう。しかし、インフレによる現金価値の低下リスクを踏まえるなら、現金より株式のほうが信用度は高いと私は思っています。

株式には、企業のビジネスや資産といった信用の裏づけがあります。

たとえば、トヨタ自動車（7203）は、世界で1、2を争う自動車生産量を誇り、プリウスやミライといった画期的な製品を生み出す優れた技術力があります。

アップル（AAPL）のiPhoneは、世界で9億台以上使われています。世界の人口は約79億人ですから、約9人に1人がiPhoneユーザーということになります。

アマゾン・ドット・コム（AMZN）は、本国アメリカはもちろん日本でも5000万人以上が日常的に利用しています。

私は三菱地所（8802）に投資していますが、それは三菱地所が東京の超一等地である丸の内エリアに、「丸の内の大家さん」といわれるほど、多くの土地や建物を保有しているからです。

こうした企業の「稼ぐ力」「成長力」あるいは「資産」といった株式の信用を裏づけるものの価値が、一夜にしてゼロになることはまずありません。

仮に信用の裏づけが揺らぐような事態が起こったとしても、よほどのことがない限り、株価を指定しない「成行《なりゆき》注文」で、株式を売却することができます。

個別企業の信用性が評価できないのなら、日経平均株価やニューヨーク・ダウといったインデックス（株価指数）と連動した運用成績を目指す「投資信託」や「上場投資信託」（ETF）に投資する手があります。

これは「インデックスファンド」と呼びますが、いろいろな〝株式の詰め合わせセット〟と考えればわかりやすいでしょう。

日本やアメリカなどのインデックスファンドに投資すれば、上場しているさまざまな企業の株式を少しずつ保有することができます。企業の内実はそれぞれですが、多くの企業に分散投資することで信用リスクを担保できます。

それでは次に、お金の置き場所としてなぜ株式がベストだと私が考えているのか、その理由を詳しく説明しましょう。

基礎編❷

お金は株式にするのが正解

インフレに勝てるのは金と株式、なかでも株式が優位

これまで見てきたように、お金を「現金」のまま置いておくと、インフレで価値が目減りしてしまいます。

特に、これからインフレ傾向が強まると考えられる日本では、お金の価値を守りたいなら、銀行預金もタンス預金も避けるべきです。

くり返しますが、現金の価値は、基本的に下がるものだからです。

では、現金以外なら、お金をどこに置くとよいのでしょうか？

その答えは、お金がもっとも自己増殖しやすい場所、「株式」なのです。

お金はインフレ下では価値を落とし、目減りする性質がありますが、置き場所によっては「増殖する」、つまり増えるという特徴があります。

お金は「利息」（利回り）と「時間」という2つの要素の掛け算によって増えていくという性質があるのです。

利息とは、銀行などにお金を預けたときに、金額と預けた期間に応じてもらえるお金です。株式などの投資額に対する1年あたりの利益の割合は「利回り」と呼びます。

27ページで触れたように、現在の預金の利息はゼロに近く、定額貯金に100万円を預けても、1年間に得られる利息は20円(しかも税引き前)。一方で銀行などに預けている間に、お金の価値は下がるわけです。

10年ものの米国債(アメリカの国債)だと約1・6%(2021年10月9日現在)の利息を期待できますが、100万円分買ったとしても、1年間に得られる利息は約1万6000円にとどまります。それに、為替リスク(買ったときと比べて円高にふれると損をする)もあります。

過去のデータから、インフレに対抗できるのは、定額貯金でも国債などの債券よりも株式や金(ゴールド)だとわかっています。

基礎編①では、いまから70年ほど前の昭和24年と比較すると、インフレが進んだ現在では貨幣価値は約8分の1になっているということを紹介しました。

では、その70年ほどで、株式と金の価値がどう変わっているのでしょうか？

70年間で日本の株式（日経平均）はおよそ200倍、金はおよそ11倍になっています。一般的に「金はインフレに強い資産」といわれますが、それ以上に株式はインフレに強いという性質があるのです。

そのうえ株式投資では、金（ゴールド）投資では期待できない「配当金」がもらえるという利点もあります。

株式で複利効果をフル活用

お金は、「利息」（利回り）と「時間」という2つの要素の掛け算で増えるといいましたが、株式投資は、さらに「複利」の力を存分に活かすことができます。

金（ゴールド）でも、ある程度はインフレリスクのヘッジ（避けること）はできますが、配当金がもらえないうえに、複利の力を活かせないというデメリットがあります。

複利とは、得られた利息を再投資することで、利息が利息を生み出す仕組みです。

利息が発生しても、元本に組み入れない投資は「単利」といいます。

私がすすめる株式投資は、短期的な売買を頻繁にくり返すのではなく、長期的な資産運用をベースに配当金の再投資、投資先銘柄の組み換えなどを長く継続することで資産の成長を目指すスタイルです（詳しくは私の前著をご参照ください）。

なぜなら、長く投資を続けるほど、複利の力が最大限に活かせるようになるからです。

20世紀最高の物理学者ともいわれる「相対性理論」で有名なアルバート・アインシュタインは、「宇宙でもっとも強い力は、複利である（The most powerful force in the universe is compound interest.）」という言葉を残しています。

いわば複利は、天才物理学者も認めた〝宇宙最強の力〟ともいえるのです。

アインシュタインが認めた複利のパワーとは、一体どんなものか？　次ページの表をご覧ください（複利周期は1年です）。

利子が利子を生む「複利」のパワー（複利利回り表）

	1%	2%	3%	4%	5%	7.2%	10%	15%	20%	25%	30%	40%	50%
1年	101	102	103	104	105	107	110	115	120	125	130	140	150
2年	102	104	106	108	110	115	121	132	144	156	169	196	225
3年	103	106	109	112	116	123	133	152	173	195	220	274	338
4年	104	108	113	117	122	132	146	175	207	244	286	384	506
5年	105	110	116	122	128	142	161	201	249	305	371	538	759
6年	106	113	119	127	134	152	177	231	299	381	483	753	1139
7年	107	115	123	132	141	163	195	266	358	477	627	1054	1709
8年	108	117	127	137	148	174	214	306	430	596	816	1476	2563
9年	109	120	130	142	155	187	236	352	516	745	1060	2066	3844
10年	110	122	134	148	163	200	259	405	619	931	1379	2893	5767
11年	112	124	138	154	171	215	285	465	743	1164	1792	4050	8650
12年	113	127	143	160	180	230	314	535	892	1455	2330	5669	12975
13年	114	129	147	167	189	247	345	615	1070	1819	3029	7937	19462
14年	115	132	151	173	198	265	380	708	1284	2274	3937	11112	29193
15年	116	135	156	180	208	284	418	814	1541	2842	5119	15557	43789
16年	117	137	160	187	218	304	459	936	1849	3553	6654	21780	65684
17年	118	140	165	195	229	326	505	1076	2219	4441	8650	30491	98526
18年	120	143	170	203	241	350	556	1238	2662	5551	11246	42688	147789
19年	121	146	175	211	253	375	612	1423	3195	6939	14619	59763	221684
20年	122	149	181	219	265	402	673	1637	3834	8674	19005	83668	332526

※元本を100とした場合

単利と複利の差（5%の場合）

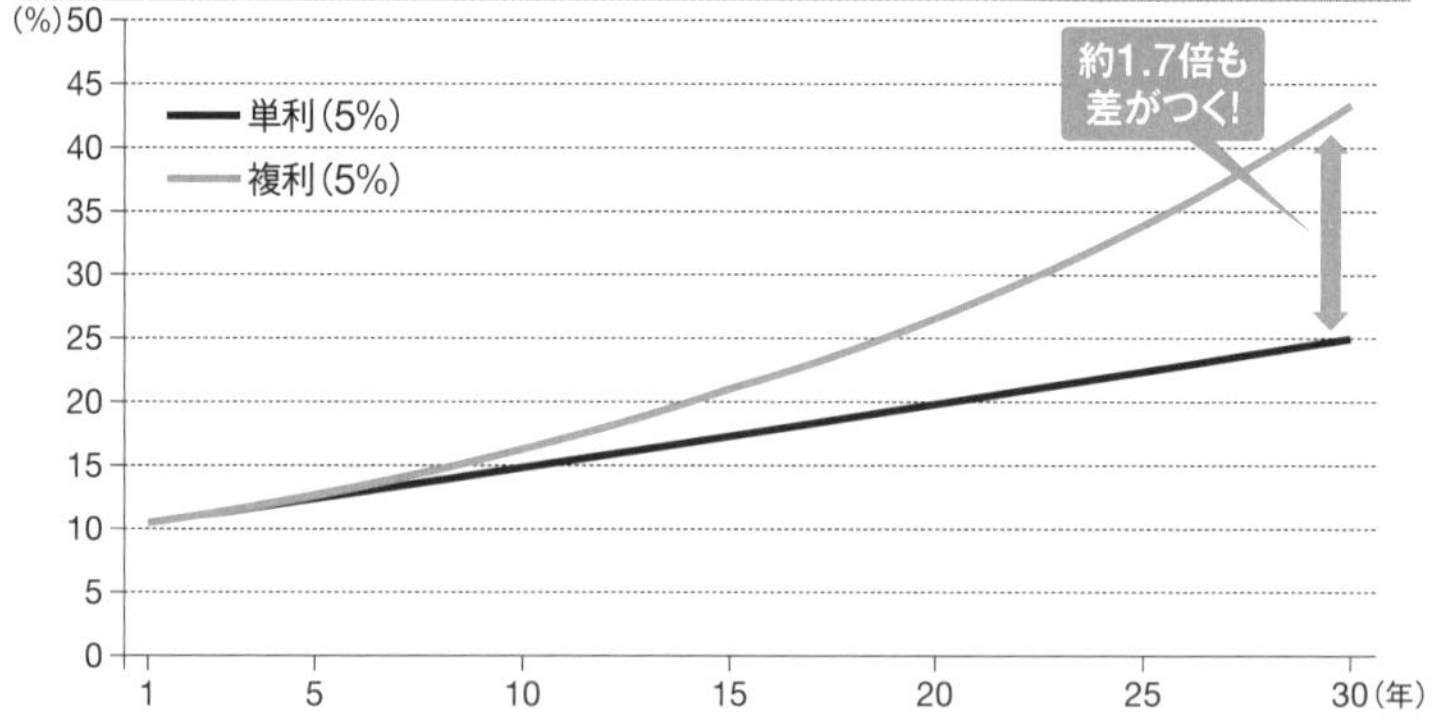

縦軸は「運用年数」、横軸は「複利の利回り」です。この表の見方をわかりやすい例で説明しましょう。縦軸「10年」と横軸「7・2%」の交差点を見ると「200（%）」という数字があります。これはつまり元金を7・2%の複利で運用すると10年後に元金が200%（2倍）になるということを意味しています。

複利での運用は株式投資の場合、15~20%を目指すのが現実的です。

そこで「20%」と「10年」の交差点を見てみると、「619（%）」という数字が見られます。これは20%の複利で運用すると元金が619%（約6倍）になるということです。

のちほど触れるように、**日経平均株価やニューヨーク・ダウといったインデックス（株価指数）に連動するインデックスファンドでは、平均すると年率7・4%ほどの利回りが期待できます。これを複利で運用し続けると、先ほどのように10年後に元本は約2倍、20年後だと約4倍となるのです。**

しかも、これは単に株価の上昇率から出された数値で、配当金などの追加入金をしていない計算です。もし、配当金や毎月の給料、ボーナスから定期的に入金して投資を継続すれば、資産はもっと大きく増やせるのです。

10年ものの米国債の利回り1・6％で計算すると（表にはありませんが）、10年後に元本は1・17倍、20年後に1・37倍になります。現金で持っておくよりもマシではありますが、資産を大きく増やすという点では物足りなく感じられます。

株式投資ならインデックスでも過去のデータから10年で2倍、20年で4倍に元手が増やせるチャンスがあります。

投資のきっかけとして、まずはインデックスファンドから始めて、投資経験を積んだら個別株にもチャレンジしてほしいと思っています。なぜなら、そのほうがより複利のパワーを活かせるからです。

私の過去20年間の株式投資の利回りは複利計算で27％。10年で元本が10・9倍、20年で119倍になった計算です。

自慢するわけではありませんが、利回り27％はかなりよい数値だと思います（今後もこの利回りを維持できるかはわかりませんが……）。

私は専業投資家で株式投資が大好きです。株式の話なら10時間以上ノンストップで語れるくらいだからこそ、年率27％という成績があげられたのかもしれませんが、**会社員の兼**

業投資家のみなさんも、株式投資にきちんと向き合う習慣をつければ、年率15〜20%の成績をあげることは十分に可能だと思いますし、私の友人でさらに高い利回りを維持している人も実際にいます。

複利を活用すると、年率15%なら10年で4倍、20年で16倍、年率20%なら10年で6倍、20年で38倍にもなります。仮に500万円の元手を年率20%で回せたら、10年後には3000万円、20年後には1億9000万円になります。

ツイッターなどで「今年中に2倍にします」とか「5倍を目指します」といった目標を掲げる個人投資家もいます。目標を高く掲げるのはよいことです。しかし、それが仮に成功したとしても、あくまで単利なので、その利回りを継続することは非常に難しいでしょう。2倍、5倍といった成績を5年、10年と継続するのは神業に近いです。

そうした特別に高い目標を掲げなくても、**個別株投資で年率15〜20%の成績があげられたら、複利効果で十分に資産1億円突破の「億り人」は狙えます。くり返しになりますが、投資未経験だった私の母とかみさんも、株式投資を継続することで「億り人」になっているのです。**

暴落を乗り越えて力強く成長

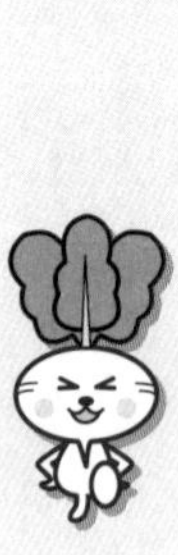

「株式相場が暴落したらどうしよう」と心配している個人投資家は多いのではないでしょうか？

実際、株式市場は過去に何度も暴落しており、そのたびにメディアで大きくとり上げられていますから、暴落が怖いと不安になるのは当然かもしれません。

そこで、これまでどんな暴落があったのかをインデックス（株価指数）をベースに、ざっとふり返ってみましょう。

まずは、アメリカの代表的な株価指数である「ニューヨーク・ダウ」からです。これは、「ニューヨーク証券取引所」と新興銘柄が上場する「ナスダック」から選ばれた30社から算出されています（かつてはニューヨーク証券取引所の上場銘柄だけを対象としていました）。

ニューヨーク・ダウは、この30年あまりで3度の大きな暴落を経験しています。

なかでも最大の落ち込み幅を記録したのが、1987年10月の「ブラックマンデー」で、1日で22・6%下落しました。

「ブラックマンデー」の本当の原因は、いまだに不明ですが、22・6%という下落率は、教科書にも載っている1929年のウォール街大暴落時の下落率12・8%を大きく上回ります。

2008年には「リーマン・ショック」が起こり、ニューヨーク・ダウは1日で7・87%下落しました。その引き金は、サブプライムローン（低所得者向け住宅ローン）の多くが不良債権となり、打撃を受けた大手投資銀行リーマン・ブラザーズが破綻したことです。

そして2020年3月には、新型コロナ感染拡大で景気が後退するとの観測から、リーマン・ショックを上回る1日で12・93%という下落率を記録しました。

続いて「ナスダック総合指数」を見てみましょう。これは1971年に開設された電子株式市場ナスダックに上場している全3000銘柄ほどから算出される株価指数です。

ナスダックには、アメリカのIT関連などの新興企業が多く上場しています。GAFAMと呼ばれるアメリカの巨大IT企業、グーグルの持株会社アルファベット（GOOG）、アマゾン・ドット・コム（AMZN）、旧フェイスブックのメタ（FB）、アップル（AAPL）、マイクロソフト（MSFT）は、いずれもナスダックに上場しています。イーロン・マスク率いる電気自動車のテスラ（TSLA）も、ナスダック上場銘柄です。

ナスダック最大の暴落は、「ITバブル」崩壊時でした。

アメリカでは1999年から2000年にかけてITバブルが起こり、社名に「ドット・コム」とつく銘柄が軒並み値上がりしました。このことからITバブルは、海外では「インターネット・バブル」とか「ドットコム・バブル」とも呼ばれます。

1999年1月に2000ポイントを突破したナスダック総合指数は、2000年3月10日には取引時間中の最高値5132・52ポイントを記録。しかし、2001年にFRB（連邦準備制度理事会）が利上げを発表し、追い打ちをかけるように国際テロ組織アルカイダによるアメリカ同時多発テロが起こり、ITバブルは完全にはじけました。

そのため、2002年10月10日には1108・49ポイントまで下落。高値からの下落率は78・40％となり、非常に大きな下落となりました。アメリカのIT関連の失業者数は56万人に達したそうです。

次に日本の株式市場に目を向けてみましょう。日本の代表的な株価指数といえば、「日経平均株価」です。東証一部（東京証券取引所市場第一部）に上場する約２２００銘柄から、２２５銘柄を対象として算出しています。

日経平均株価の暴落といえば、なんといっても１９９１年のバブル崩壊です。

１９８９年12月末、日経平均株価は終値で３万８９１５円という史上最高値を叩き出しましたが、１９９１年のバブル崩壊から、２０１０年頃まで日本経済の低迷が続きます。この間、リーマン・ショック時に一時７０００円を割り込み、史上最高値からの下落率は実に82・04％にまで達しました。

コロナ禍でも日経平均株価は大きく下落しました。ワクチンがまだ存在せず、経済の先行きが不透明な状況で、２０２０年３月19日には一時１万６３５８・19円まで下落。わずか２か月で32・１％の下落率となり、２０１６年11月以来、３年４か月ぶりの安値水準となりました。

ざっと株価指数をベースに過去の暴落を見てきましたが、**ニューヨーク・ダウも、ナスダック総合指数も、日経平均株価も、暴落を何度も経験しながらも、長期で見ると力強い**

右肩上がりです。

2021年、ニューヨーク・ダウとナスダック総合指数は、史上最高値を更新しました。日経平均株価は、バブルによる株価上昇があまりに極端だったので、まだ史上最高値を更新していません。「東京都の山手線内側の土地代で、アメリカ全土の土地が買える」といわれたバブル経済の狂乱ぶりは、いまふり返ってみても飛び抜けて異常だったのです。

ところが、「時価総額」で比べると、東証一部の時価総額は2015年には、すでにバブル期の水準を超えています。また、銘柄を適切に入れ替えていれば、日経平均株価は史上最高値に迫っている、または超えているという見方もできます。

アメリカでも日本でも株式市場は高い成長性を秘めているのですが、「暴落」というセンセーショナルな出来事にスポットを当ててしまうと、やはり「株式投資は怖い」と思ってしまうかもしれません。

しかし、私が推奨している株式投資は、中長期にわたって続けるスタイルです。これまで見てきたように、短期的には数年に一度は暴落を経験しますが、長い目で見れば株式市場は右肩上がりで成長しているのです。

株式投資はプラスサムゲーム

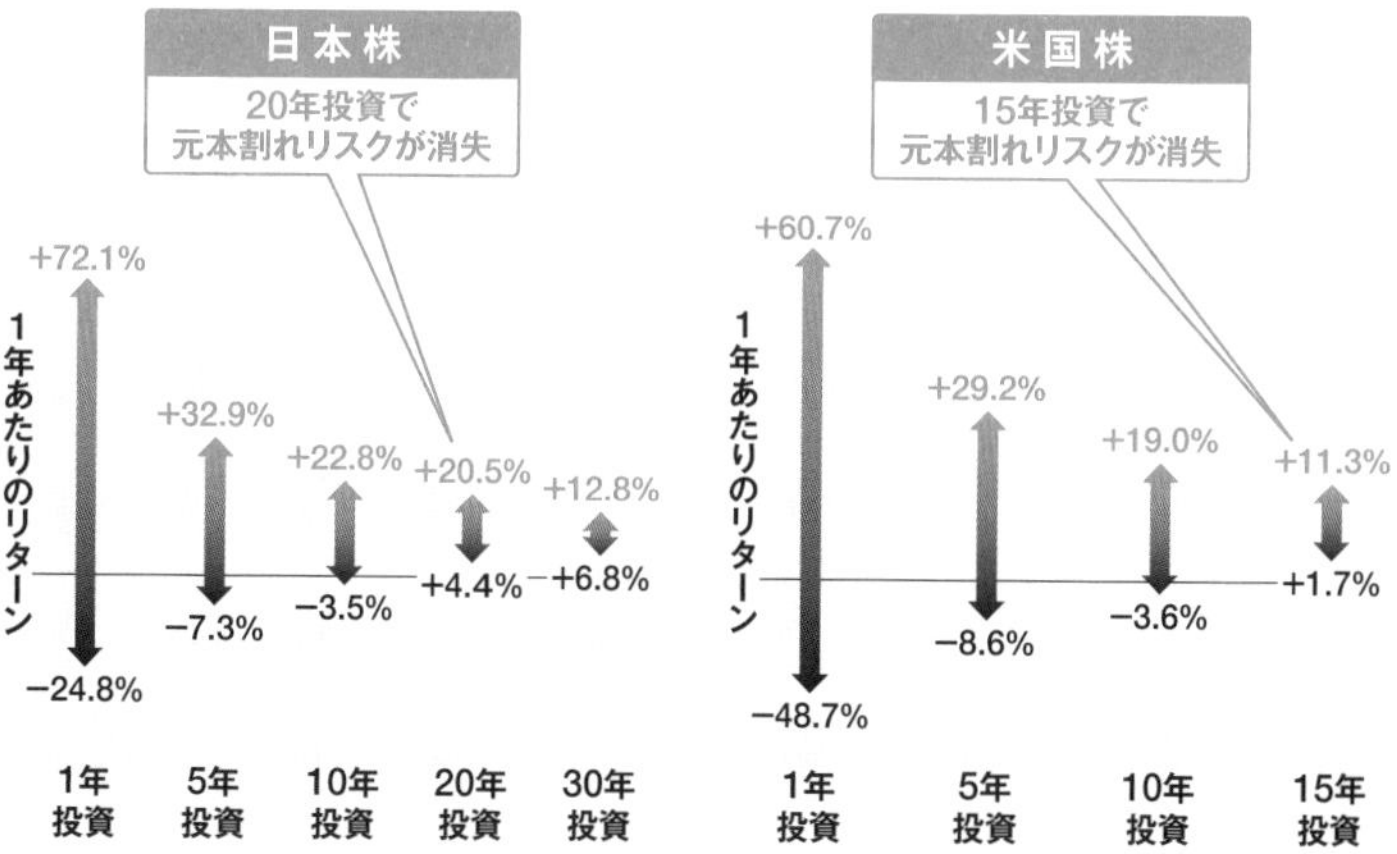

世界の経済と企業は成長を求めており、中長期的にはそれを実現してきました。

株式投資はつねに買い手と売り手が存在しますから、短期的には参加者の損益が相殺される「ゼロサムゲーム」ですが、中長期的には参加者の損益を合計するとプラスになる「プラスサムゲーム」なのです。

その証拠に、**米国株では15年間、日本株でも20年間投資を続けていれば、上昇と下落が打ち消しあって、元本割れ（投資した元手を株式の価値が下回ること）のリスクがなくなるというデータもあります。**

紙幣は刷れば刷るほどインフレを招き、お金の価値が下がります。

その点、株式は紙幣と違って、発行するか・しないかを企業側がコントロールできます。特に、企業が自社の株式を買う「自社株買い」をすると市場に流通する株数が減りますから、1株あたりの価値が高まり、株価が上昇しやすくなる効果があります。

さらに株式市場には、新たな成長戦略を持った企業が続々と上場（ＩＰＯ＝新規株式公開）します。一方、業績不振で倒産してしまったり、他社に吸収されたりと市場からの退場を余儀なくされる企業もあります。

こうして新陳代謝が盛んに行われることにより、よりよい企業が株式市場に残ることになり、ひいては市場全体の成長につながるのです。

しかし残念ながら、日本の株式市場はアメリカに比べると新陳代謝がそれほど活発とはいえません。

東京証券取引所では２０２２年４月から、これまでの東証一部・二部・ジャスダック・マザーズという４つの市場を、プライム（グローバル企業）・スタンダード（中堅企業）・グロース（新興企業）という３つの市場に再編することになっており、それが新陳代謝の活性化につながるかどうか、私は注目しています。

実は日本株こそ最強

ここで改めて、アメリカと日本の主要な株価指数の過去のトラックレコード（運用実績）を見てみましょう。

ニューヨーク・ダウと日経平均株価は、過去72年間の運用実績、ナスダック総合指数は1970年にスタートしたので、51年間の運用実績となります。

●ニューヨーク・ダウ

【1949年】177ドル ↓ 【2021年】32627ドル（72年間 複利7・5％）

●ナスダック総合指数

【1970年】101P ↓ 【2021年】1万3215P（51年間 複利10・04％）

●日経平均株価

【1949年】175・97円 ↓ 【2021年】2万9792円（72年間 複利7・4％）

近年は日本でも、米国株に投資をする個人投資家が増えています。

ナスダック総合指数は複利換算で10％ほどの利回りがあり、元手が5年で1・6倍、10年で約2・6倍、20年で約6・7倍になる計算です。

ニューヨーク・ダウと日経平均株価の利回りは、7・5％と7・4％とほぼ同等になっています。長期で見ると、日本株も米国株に負けず劣らず頑張っているのです。

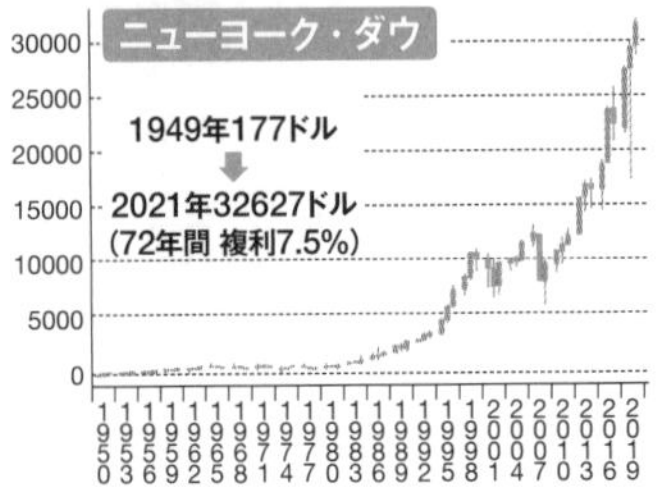

次ページの図表を見るとわかるように、ニューヨーク・ダウとナスダック総合指数はだいたい右肩上がりの曲線を描いています。

それに対して、日経平均株価はバブル期の急上昇と、その後の下落の落ち込みが大きすぎるので、バブル崩壊以降は一本調子で右肩上がりになっているわけではありません。それは、バブル期の山とバブル崩壊後の谷が大きすぎたためなのです。

インデックスの利回りは日米ともに7％ほどですが、日本のバブル期のように年30～40％も上昇して高い山をつくるのは、

3つの株価指標の運用実績

5～6年分の利回りをいわば「前借り」しているという状況になります。

そのため「前借り」分の反動で谷が深くなってしまい、山が高いほど回復が遅れる傾向があるのです。

これは2000年のITバブルとその崩壊を経験したナスダック総合指数にもいえることです。2015年6月まで、ナスダック総合指数は「前借り」分の反動により、約15年間ピークの高値を超えることができませんでした。

日経平均株価やナスダック総合指数のようなバブルがなかった分だけ、ニューヨーク・ダウは緩やかな右肩上がりの曲線を描いています。

日経平均株価とナスダック総合指数も、それぞれのバブル期の山を無視して曲線を描くと、細かな上下動はありつつ、全体としては緩やかな右肩上がりのラインが見えてきます。

これら3つの株価指数の運用実績を比べると、ナスダック総合指数がもっともパフォーマンスがよいことになりますが、話はそう単純ではありません。

米ドルと日本円の為替レートを勘案していないからです。

戦後から1973年までは、1ドル＝360円という「固定相場制」でした。ですから、運用実績の出発点である1949年から24年間は、1ドル＝360円だったのです。

その後、「変動相場制」に移行し、為替相場は金利差やインフレ率などによって日々変動するようになり、2021年は1ドル＝110円前後で推移しています。つまり2021年時点で、1949年と比べて日本円の価値は3倍以上になっているということです。

それを踏まえると、実はナスダック総合指数よりも、日経平均株価のほうがパフォーマンスは高いのです。

ネットなどでは「米国株のインデックスファンドが最強」という意見もありますが、**私は日本株への投資こそ最強だと思っています。**

そう考えているのは、私だけではありません。「日本株は安すぎる」「まだ成長の余地がある」という外国人投資家も多いのです。

その証拠に日本株のおよそ3割は外国人投資家が保有しており、現物市場の外国人投資家の売買シェアは最大7割に達しています。

日本の株式市場を動かしているのは、日本人ではなく、外国人投資家であるというのが実態なのです。その状況を変えるためにも、**もっと多くの日本の個人投資家が株式投資に参加して、最強の日本株を買うべきではないかと私は思っているのです。**

できるだけ早く始めたほうがいい

「株式投資は、いつ始めるのがベストですか？」という質問をちょうだいすることがあります。その質問に対する私の答えは、シンプルに「できるだけ早く」です。

株式投資は、先に触れたように天才物理学者のアインシュタインも最強と認めた「複利」のパワーを活かせます。

複利で効率的に資産を増やすには、**どこに投資してどの程度の利回りを得るかというこ**

と以上に、長期にわたって投資を継続することが重要です。

利回りがいくら高くても、1年や2年といった短期間で得られる利益はたかが知れています。利回りはそこそこでも、10年、20年と長く投資を継続できたら、得られる利益は大きくなるのです。

そのように考えると、「どうせならベストなタイミングで始めたい」と株式投資を先送りするのは、得策とはいえません。

株式投資に興味が出てきて、やってみたいと思ったら、思い立ったが吉日で即座にスタートさせるべきなのです。

特に若い世代が早めに株式投資を始めたら、複利のパワーを最大限に活かせるうえに、失敗から学んで投資家として成長するための期間も長くとれますから、運用成績がよくなる可能性が高くなります。

2021年現在、新型コロナの影響で落ち込んだ経済を立て直し、景気を下支えするための大規模な金融緩和と財政出動により、2012年のアベノミクス以来、日経平均株価は31年ぶりの高値で推移しています。

「株価が高いときに買っても大丈夫？」「買ってからすぐに暴落したらどうしよう？」と心配になる人もいるでしょう。

株価の先行きは、誰にもわかりません。この先、日経平均株価が急落する可能性も否定できませんが、さらなる上昇を見せることも考えられます。

条件さえ整えば、日経平均株価がバブル期の史上最高値を更新して４万円を超えることだってあり得るでしょう。

どちらに転ぶかはわかりませんが、過去の運用実績を信じるなら、インデックスファンドなら中長期では年平均７％程度の利回りが期待できます。

そもそも株式を買うタイミングとして、いつが最適なのかは、あとでふり返って始めてわかるもので、事前に知ることはできません。

いま考えると、アベノミクスの前に株式投資を始めるのがベストだったといえますが、その当時は「この先も株価低迷は続くだろう」とか「まだまだ株価が下がるかもしれない」という意見も根強かったのです。

ここに興味深いデータがあります。

仮に1989年のバブル頂点からインデックスを買い始め、今日までの約30年間、決まった金額を「ドル・コスト平均法」でインデックスファンドに投資していたら、最終的な損益はプラスになるのです。

ドル・コスト平均法というのは、値動きのある金融商品に対して、毎月など一定の間隔を設定して決まった金額で買い続けるやり方です。定期的に定額を積み立てると、安値だと多くの株数を買え、高値だと株数を減らすことができることや、機械的に買いつけることで株価の変動に惑わされないというメリットがあります。

このドル・コスト平均法で1か月に1度、あるいは1年に1度、決まった金額をインデックスファンドに投資していたとすると、約30年間のトータルの収益はプラスになっているのです。

この手法を使えば、たとえ最高値のバブル期から株価が下落を始めた最悪のタイミングでスタートしたとしても、株式投資を長く続けることで利益が得られるのです。

私のかみさんも2006年7月から200万円を元手に株式投資を始めました。ふり返ってみると、株式投資を始めたタイミングとしては決してよいとはいえず、２００８年のリーマン・ショックで一時は40万円近くまで減らしました。しかし、時おり入金を重ねながら継続したことで、２０１９年11月に1億円の大台を突破しました。

時間とともに増殖するというお金の習性を踏まえると、株式投資の最大の武器は「複利」と「継続」です。時間を味方につけるためにも、できるだけ早いタイミングで株式投資にとり組むことが大切だと私は考えているのです。

なぜ不況なのに株高が起こるのか？

株価は、景気がよくなると需要が拡大して上がり、景気が悪くなると需要が落ち込んで下がるというイメージが強いと思います。

日本でも、好景気に沸いたバブル期に株価は大きく上昇しましたし、その後の「失われた30年」で景気が低迷しているときは株価が冴えませんでした。

ところが、**2020年はコロナ禍もあって不景気が続いていたのに、株価だけが上がりました。いわば「不景気の株高」です。**

この不景気の株高は、経済学では「スタグフレーション」と呼ばれています。これは停滞を意味する「スタグネーション(stagnation)」と、物価の上昇を意味する「インフレーション(inflation)」を組み合わせた造語です。

過去には、1970年代後半の第2次オイルショックで、原油高による物価上昇と、不景気が重なり、日本を含めた先進諸国はスタグフレーションに見舞われました。

今回のコロナ禍でも、同じようにスタグフレーションが起きたのです。

なぜ不景気なのに株高が起こるのでしょうか？

その理由はシンプルに「お金の量」を見るとわかります。

不景気になると、先行きに不安を抱いた個人も企業もお金を使わなくなります。個人は消費を控え、企業は先行き不透明感から設備投資などを控えるようになります。すると、「カネあまり」の状況が生まれます。

その余ったお金の行き先になるのが、「株式」や「不動産」なのです。

個人だけではなく企業も株式と不動産に投資する理由は、ものやサービスを売って利益を得るというビジネスと比べて、株式や不動産は好きなときに好きな分だけ売って換金できるというメリットがあるからです。

さらに、株式ならインデックス（株価指数）の運用実績で平均7％ほど、東京都心の不動産投資でも年4～5％ほどの利回りを期待できます。不動産投資における利回りは、賃貸などで得られる収益（家賃）を物件価格で割り算して、100を掛けたものです。

ですから、企業は不況下にリスクを背負って設備投資をしてビジネスを拡大しようとするよりも、堅実に株式や不動産に投資する傾向が強まります。

これが不況下の株高、さらには不動産価格の上昇が起こる1つの要因です。

そして、**株式投資は不動産投資よりもメリットが大きい**と私は思っています。

東証一部のような公的な取引市場がある株式は、不動産よりも流動性が高く、自由に売買しやすいというメリットがあります。

一軒家や一棟アパート、ワンルームマンションなどの不動産は、売ろうとしても物件によっては即座に売れるとは限りません。そのうえ売却する際は、手数料を仲介業者に支払う必要がありますし、売却した代金もすぐには受けとれません。

さらに保有期間が5年以下だと短期譲渡所得として39・63％（所得税30％＋復興特別所得税［所得税×2・1％］＋住民税9％）と高い税金を支払わないといけません。

株式は、時価総額が小さくてよほど不人気な小型株でない限り、その日のうちに時価で処分できますし、いまは証券会社に支払う手数料も格安です。

税金も保有期間、金額に関係なく20・315％（所得税15％＋復興特別所得税［所得税×2・1％］＋住民税5％）で、代金も約定してから2営業日後に受けとることができます。

また、不動産を部分的に切り売りするのは難しいのですが（不動産投資信託「REIT《リート》」は除きます）、株式は単元（100株）ごとに機動的な売買が可能です。こうしたことから株式に投資をする企業（M＆A［合併・買収］なども含む）が増えて、不況下の株高が加速しているのです。

安く買って高く売ることが狙いではない

多くの個人投資家は、株式を安値で買い、高くなったら売って値上がり益で儲けるのが株式投資だと思っているのではないでしょうか。

仮に30万円で買った株式が、2倍の60万円に値上がりしたところで売却したら、差し引き30万円の利益（税引前）が得られます。この株価の上昇によって得られた利益を「キャピタル・ゲイン」といいます。

しかし、**私がすすめる中長期目線で継続した運用を目指す株式投資では、安い銘柄を見つけて買い、高く売って現金を増やすことだけを狙っているわけではありません。**

その大きな理由は3つあります。

第1に、**株式をお金に換えてしまうと、複利のパワーを活かせないこと。**

これまで説明したように、お金の本質は時間とともに価値が下がることにあり、そのリスクを避けるために、お金を株式に換えているのです。

また企業が成長する力をもとに、複利で資産を増やしていくことが株式投資の醍醐味でもあり、そういった企業に投資することで自分の資産も成長させていくことが投資の本質です。

それなのに、株式を現金に換えてしまっては複利のパワーを活かせないばかりか、自分の資産を成長させることはおろか、再び資産をインフレリスクにさらすことになってしまいます。

銀行の預金金利が高かった時代はそれでもよかったかもしれませんが、超低金利の現在は、資産の多くを現金で持つことはインフレに負けてしまうことから得策ではないと、私は考えています。

第2に、**いまが高値か、安値かは誰にもわからないこと。**

株式を安値で買い、高値で売れば儲かります。過去の株価チャートを眺めたら、誰でも「ここで買って、ここで売れば儲かる!」とわかります。

一方で、将来の株価が上がるか下がるかは、誰にも正確にはわかりません。コロナ禍で一時的に株価は大きく下落しましたが、その後、短期間で急回復すると事前に予想できた人はほとんどいないと思います。

私は株価の先行きがわからないからこそ、逆に株式を持ち続けるべきだと思っています。これまでも一時的に株価が下落したことはしばしばありますが、その後、いずれも力強く回復しています。将来の株価の予想ができないからこそ、なるべく株式を現金に換えるべきではないと考えているのです。

第3に、**株式を売却すると、インカム・ゲインも同時に失われてしまうこと。**

配当金で得られる利益を「インカム・ゲイン」といいます。

私は、配当金狙いの投資をメインにしているわけではありませんが、それでも資産の増加により、結果的に得られる配当金も少しずつ増えて、最近は年間500万円を超えるまでになってきました。

専業投資家の私にとって配当金は貴重な収入源であるとともに、それを再投資することで複利のパワーを最大化することもできます。

株式投資をしていれば、株式を現金化する瞬間は必ず訪れます。でも、現金を増やしたいから株式を売るのではなく、次にもっと有望な株式を買うために一時的に現金に換えるだけなのです。

こう説明されてもピンとこない人は、次のように考えてみてください。

カジノでは、現金をチップに換えてから、スロットマシンやルーレットなどのギャンブルを楽しみます。現金のままでは、カジノでは遊べないからです。

株式投資はギャンブル（投機）ではありませんが、お金を株式に換えるのは、カジノでチップに換えるようなもの。現金を証券口座に移して、買いたい銘柄を見つけて、株式に換えるのです。

株式市場にできるだけ長くとどまり、チップ（株式資産）を増やしていくのが、株式投資の狙いです。

株式を現金に換えてしまうのはカジノ（株式市場）から退場するようなもの。チップのまま持ち続けて、チップがチップを生む好循環を、できるだけ長く続けられるようにすることが重要だと思うのです。

ＦＸや暗号通貨がお金の置き場所として適切でないワケ

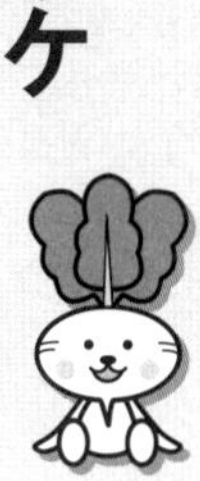

インフレリスクを回避するためにも、私は自分の経験を踏まえて株式投資を推奨していますが、なかにはＦＸ（外国為替証拠金取引）や暗号通貨（仮想通貨）への投資を推奨する人もいます。

私は、株式以外の投資を一切認めないわけではありません。ＦＸや暗号通貨への投資も、それなりに魅力的だと思ってはいます。

それでも私自身がそれらの投資を躊躇《ちゅうちょ》して、周囲にもすすめていないのには理由があります。それは、投資の可否を判断するうえでの「ファンダメンタルズ」（経済の基礎的条件）がないことと、取引時間の長さです。

株式投資におけるファンダメンタルズとは、投資先候補の企業（銘柄）の売上高・利益・資産・負債といった基礎的な財務状況のデータです。ネット証券の口座で銘柄ごとに表示されるデータや、企業サイトのＩＲ情報などで確認できます。

「はじめに」で触れたように、本書では極力、ファンダメンタルズのような数字や数式を使わずに、株式投資を語ることを目的としています。

でも、株式投資をしばらく続けて、自分の頭で考える経験を重ねていくうちに、ファンダメンタルズにも自然に興味が湧いてくると思います。そして、ファンダメンタルズを有効活用できるようになるにつれ、投資の精度も上がってくるはずです。

ところが、**ＦＸや暗号通貨には、ファンダメンタルズと呼べるものがありません。値動きを予測するための指標がなく、割高か割安かを判断する基準がないのです。**

そのため、何を基準に判断していいのかわからず、「値上がりするといっている人が多いから自分も買う」とか「みんなが売っているから売る」といった投資行動に走りがちです。それでは雰囲気に流されやすくなるので、ＦＸや暗号通貨がお金の置き場所として適切だとは思えないのです。

また株式は、日本株の場合、取引時間が平日9時から15時（名証・札証・福証は15時30分）までです（最近は夜間にＰＴＳ［私設取引システム］で売買できる証券会社もあります）。

一方、仮想通貨は原則24時間365日取引が可能です。いつでも取引が可能という点だけ見ると、便利に思えるかもしれません。しかし、休むことなく価格が変動し続けることから、つねに動向が気になってしまい、生活に支障をきたしてしまうこともあるのです。

株式は資本主義に参加するチケット

改めていうまでもなく、日本は資本主義の国です。では、「資本主義」とは何か？

難しい話を脇に置くと、資本家が中心となって経済が回り、結果的に資本家が儲かる仕組みが資本主義です。

資本家とは、企業に資金（資本）を提供する人のことです。

日本が資本主義の国である以上、日本に生まれ育った人は資本主義の恩恵を受けることができます。つまり、誰でも資本家になり、儲ける自由があるのです。

しかし、単に日本に生まれ育ったというだけでは、資本主義の恩恵は十分に受けられません。資本家になることで、資本主義の恩恵を大きくすることができます。

資本家になる方法はいろいろとありますが、もっとも簡単なのは企業の株式を保有することなのです。

私が株式投資を始めた頃は、株式を買うと「株券」が送られてきました。２００９年以降、株券は廃止されて電子化されましたが、いずれにしても**株式は資本主義に参加するためのチケットのようなものだと私は考えています。**

株式を保有することによって初めて、資本主義社会の一翼を担い、その恩恵を得ることができると思っているのです。

資本主義を支えているのは企業ですが、日本の株式市場には３８００社を超える企業が上場しています。企業は株式公開を通じてたくさんの資本を集め、それを元手にそれぞれの業界で意欲的にビジネスを展開して収益を上げています。

もし上場企業で、これぞと思った企業があれば、その企業の株式を買って株主になることで、その企業の所有者（パーシャル・オーナー）になることができるのです。

私は本書執筆時点で、三菱地所（８８０２）の株式を２万株所有しています。同社が発行しているにすぎませんが、それでも上京する際、東京・丸の内のビル群を目のあたりにするたび（前述のように三菱地所は「丸の内の大家さん」といわれるほど、丸の内の多くの不動産を所有しています）、「あのビルの窓ガラス1枚分くらいは、自分のものかもしれないなぁ」と思っています（笑）。

高級外車やタワーマンションの一室を所有することに満足感を得ている人もいるでしょうが、一部とはいえ企業を所有しているという喜びは、私にとって何ものにも代えがたい満足感と充足感があります。

加えて、配当金や株主優待といった権利が得られたら、その満足感と充足感はより強くなります。さらに株主総会に出席したら、自分もオーナーの一員なのだという実感がよりいっそう高まります。

何より日本企業の株式を買って株主になるということは、資本主義を担う資本家の1人として日本という国の活性化に貢献することを意味します。

私は専業投資家ですが、読者のみなさんの多くは会社員などの兼業投資家のほうが多いと思います。そうした兼業投資家は、企業に雇われて給料をもらう労働者でありながら、株式投資を通して企業のオーナー（資本家）になることもできるのです。
他人から使われるだけの労働者でいるよりも、労働者兼資本家であるという立場のほうが、より豊かな気持ちになるのではないでしょうか。

もし自分が働いている企業に成長が期待できるのであれば、従業員持ち株会を通じて自社株を買うのもよいでしょう。

自分が勤める会社のオーナーだと思えたら、働くモチベーションが高まり、会社員としての成長にもつながる可能性があると思います。

株式投資はクラウドファンディングのようなもの

近年、クラウドファンディングがブームになっています。
クラウドファンディングは略して「クラファン」とも呼ばれますが、群衆（crowd）と

資金調達（funding）を結びつけた造語です。インターネット上で自分たちの活動や夢を発信し、共感してくれた人から資金を募り、実現に結びつける仕組みです。

新しい商品の実用化といった営利的な目的だけではなく、熊本城や首里城のように被災した文化財の再建のために出資を募るケースも増えています。

読者のみなさんのなかには、株式投資はしたことがないけれど、クラファンなら経験があるという人がいるかもしれませんが、私は株式投資もクラファンと同じようなものだと考えています。

お金を儲けたいからクラファンに参加するという人はいないでしょう。株式投資もクラファンと同じように自分が応援したいと思える企業、興味深いビジネスを展開している企業への投資を検討してみるのも1つの考え方です。

起業するための資金をクラファンで集める人もいます。会社員を辞めて起業するのは大変ですが、企業の姿勢に共感できたら、クラファンで起業家を応援するように株式を買ってみるのも一手です。

起業家は失敗したらすべて自己責任であり、生じた負債を返す義務が生じますが、株式会社は有限責任です。もし会社が潰れたら株式の価値はなくなりますが、株主は投資額以上の責任は問われません。

株式投資は通常1単元（100株）から売買しますが、**最近では最低単元を下回る「ミニ株」取引ができる証券会社も増えて、1株からでも買えるようになりました。**

2000円や3000円で株主になれるチャンスがあり、金額的にもクラファンとあまり変わらないレベルで株式投資に参加できるのです。

応用編 1

投資家として成長する

資産1億円はどう狙う？

資産1億円突破の「億り人」を夢見て株式投資を始めた人も多いと思います。

たしかに1億円という目標額は、キリのいい数字です。仮に10％の利回りで運用できれば、1億円なら期待運用収益は1000万円になります。そのうえ配当金も得られます。これだけの収益が期待できれば会社を辞めて働かなくても、裕福な暮らしができるレベルでしょう。個人投資家が株式投資で資産1億円を築くのは、不可能なことではありませんが、誰もが必ずできることでもありません。

少し前にツイッターで、野村證券のある営業マンが「株式だけで1億円以上持っている人なんて1人もいない」というようなことをつぶやいて、ちょっとした話題になりました。

2000年代以降、株式投資の主戦場は、野村證券のような店頭証券会社からネット証券に移っています。1人もいないかどうかは別として、現場の営業マンの肌感覚としては、店頭証券会社で取引している人で、株式だけで1億円以上持っている人は、世間がイメージしているよりも、かなり少ないと感じているのでしょう。

昔から知る私の投資家仲間に限っていえば、株式資産が1億円を超えている個人投資家の割合は、私の肌感覚では5割以上だと思います。だからといってネットで活発に株式投資をしている人の多くが、株式資産1億円以上になっているとは思えません。

必ず株式投資で資産1億円以上になると保証はできないとしても、株式投資が資産1億円になるための有力な手段であることは間違いありません。一方、1億円を超える資産がどうやったら築けるかを、具体的にイメージできる人は少ないでしょう。

だったら、**もっと身近な1000万円、3000万円といったところを、最初の目標に設定して投資を始めてみるのがよいでしょう。**

私がネット証券に移行して株式投資に本腰を入れ始めたのは、2001年。元手は約600万円（正確には609万円）でした。

私自身、そのときに掲げた目標は、資産3000万円でした。

資産が3000万円あれば、20％の利回りで運用できたなら年収600万円となり、会社員のちょっと高めの年収に匹敵します。専業投資家としては、その年収レベルは超えたいという思いがあったのです。

それから3年後の2004年、30歳で目標の資産3000万円をクリアできました。その後、私が資産1億円を達成したのは2011年、37歳のときでした。

経験を重ねて自分なりの投資スタイルが確立できたら、歯車が嚙み合うようになり、私と同じように600万円の元手が1000万円になり、やがて3000万円まで増えるでしょう。こうして地に足をつけた投資を続けていくと、その先に資産1億円がおぼろげに見えてきます。

地に足をつけるためには、自分に合った投資法を見つけて、それを貫くことが大切です。

「どの銘柄を買ったら、儲かりますか？」という質問をよくいただきます。

私のような経験のある投資家に割安な銘柄を教えてもらって買い、仮にその銘柄が値上がりすれば楽に儲けられると思うのかもしれませんが、その考え方は間違っていると私は思います。

なぜなら銘柄を教えてもらって、そのときは運よく儲かっても、それはテスト前に答えを教えてもらっているようなものだからです。それでは、次のテストでも答えを教えてもらわないといけなくなります。

自分の頭で考えて、自分に合った銘柄を見つけていくという過程が大切であり、その積み重ねが株式投資で資産を築く第一歩なのです。

私は、株価変動率の低いバリュー（割安）株を選んで、評価されるのをじっくり持つという投資スタイルです。

いまの株式投資では、あまり人気が高くない投資スタイルですが、日常的な細かい値動きを気にしたくない私にはぴったりの投資法であり、だからこそ長く続けて着実な成果が出ていると思っています。

もっと早く成果を上げたいと思うのなら、私のようにじっくり腰をすえて行う投資法は向いていないかもしれません。

ただし、短期になればなるほど競争も熾烈になりますから、そのなかで勝ち抜いていくには、非常に難しいのも現実です。

私は以前、「いまある資金600万円を2年後に1億円にしたい」という相談を女性の個人投資家から受けたことがあります。私が本格的に株式投資を始めたときと同じ金額の元手です。

彼女はまったくの初心者ではなく、ある程度の投資経験がありました。

短期で資産を増やしたいという思いが強すぎるのか、買ったり売ったりを頻繁にくり返している様子でした。

買った株は上がらず、手放した株に限って上がるということが続き、資産が一向に増えないと悩んでいたのです。

正直なところ、600万円が2年で1億円に増える方法があるなら、逆に私が知りたいくらいです。そんな方法を知っていたら、私の資産はいまの何倍にもなっていることでしょう（笑）。

どうしても600万円を2年で1億円にしたいなら、元手がゼロになってもいいと腹をくくり、ハイリスクを覚悟で株価上昇が期待できる銘柄などに集中投資するほかないでしょう。

株価が10倍になる銘柄を「テンバガー」といいます。もともとは野球用語で、1試合で10塁打を記録することですが、転じて10倍まで株価が急騰する銘柄を指します。

私は個別銘柄でテンバガーを達成した経験は1度しかありませんが、運よく未来のテンバガーを見つけて、600万円を全力投資しても6000万円ですから、1億円には届きません。

彼女に「元手がゼロになってもいいという覚悟がありますか?」と尋ねたら、「それはイヤです」と首を横にふりました。

「ならば、わずか2年で1億円という夢のような目標設定を見直して、リスクを抑えながら中長期で地に足をつけた投資をすることで、まずは600万円を1000万円にすることを考えたほうがいいのではないですか?」とアドバイスしました。

すると、そののちに丁寧なお礼のメールをいただいたので、おそらくわかってくれたのだと思います。

投資先が倒産する確率は6%

専業投資家の私にとって株式投資は、本業であり、趣味でもあります。株式投資以外の趣味として、「希少性の高いもの」のコレクションがありますが、これも実益を兼ねています。希少性の高いものはいずれ価値が上がりますから、インフレに負けない資産形成の1つになるのです。

コレクションのなかで、唯一価値がまったくないものがあります。それは倒産した企業の「株券」です。山一證券、日本興業銀行、ダイエーといった、かつての有名企業の株券がたくさんあります。

仮に、これらの株券を当時の高値で計算した場合、私の株券コレクションだけで数千億円以上になるでしょう。でも、倒産した会社の株券に価値はありません。額面がいくらであっても、倒産して上場廃止になったら株券はただの紙切れになるのです。

著者が保有する倒産した企業の「株券」

株価は1日に5%、場合によっては10%以上変動します。コロナ禍のような大きな出来事があると、年間で40～50%下落することさえあります。しかし、倒産しない限り、投資した資金がゼロになることはないのです。

日本の上場企業は、およそ３８００社あります。

バブル崩壊後の１９９１年から２０２１年までの30年間で、上場企業のうち倒産したのは２３６社。全上場企業を母数にすると、倒産確率は約６%です。

倒産した上場企業の寿命は、平均23・9年（２０１８年の段階）です。業種（セクター）によって差があり、製造業は平均よりも長くて33・9年、卸売業が27・1年、運輸業が25・

9年となっています。

この先の30年間も、同じような確率で倒産が起こる可能性がありますが、ほとんどの企業は潰れることなく、成長への努力により株価の上昇が見込めるのです。

株式投資で1銘柄だけを買う人は少ないでしょう。通常は複数の銘柄に分散投資します。**統計上、7銘柄に投資すれば、リスクは分散できているといわれています。7銘柄に分散投資したとすると、そのすべてが倒産する確率は、限りなくゼロに近いでしょう。**

リスクを減らす3つの分散投資法

「卵を1つのカゴに盛るな」という分散投資の大切さを説いた格言があります。1つの銘柄だけに集中投資すると、資産を大きく増やせる可能性がある半面、急激な景気後退期に資産が大暴落することがあることの戒《いまし》めです。

そこでリスクとリターンのバランスをとるために推奨されるのが、分散投資です。卵を複数のカゴに盛って（分散投資して）いれば、うっかり手が滑って1つのカゴを落としても全滅は避けられます。

とはいえ、分散しすぎるのもよくありません。分散するほどリスクは減らせますが、リスクとリターンが打ち消し合い、大きなリターンを望めなくなるからです。

2021年現在、私は24銘柄に分散投資していますが（株主優待目的は除く）、それは株式で運用している資産が3億円を超えているからです。

資金が数百万円までは3〜5銘柄、資金が数千万円規模に増えてきても最大10銘柄ほどにとどめておくほうがよいでしょう。

実をいうと、資金3億円でも24銘柄は多すぎると思っているくらいです。

分散投資には、①投資スタイルで分散、②業種（セクター）で分散、③株価のトレンドで分散、とおもに3つの方法があります。

順番に解説していきましょう。

①投資スタイルで分散

大きく分けると、株式投資には「インデックス投資」と「個別株投資」があり、個別株投資には「バリュー（割安）株投資」や「グロース（成長）株投資」などがあります（164ページ参照）。

株式投資には、たった1つの正解があるわけではありません。私はバリュー株投資をしていますが、グロース株投資もインデックス投資も間違いということはなく、自分に合ったやり方を見つけて、実践していけばいいのです。

そのほうが得意な手法がさらに得意になり、投資効率を上げられます。得意な料理を何度もつくっているうちに、もっと得意になるのと同じようなことです。

もっとも、どのスタイルが自分に合っているのか、わからないという人も多いでしょう。

どんな投資スタイルが自分に合っているかわからないうちは、お試しを兼ねた分散投資をしてみることです。

3銘柄に分散投資するとしたら、「インデックス投資1銘柄」「バリュー株投資1銘柄」「グロース株投資1銘柄」と資金を3分割してみるのもよいでしょう。

②業種（セクター）で分散

複数の銘柄に分散投資しても、全部同じ業種（セクター）の銘柄だと、リスクコントロールの面で不安が残ります。コロナ禍で国内外の渡航需要がほぼ途絶え、航空会社の業績は低迷。株価は低空飛行を続けました。もしコロナ禍前に航空業界の銘柄だけに投資していたら、大きな打撃を被《こうむ》ったことでしょう。

コロナ禍では外食業や宿泊業、小売業も大きなダメージを被りましたから、こうしたセクターの銘柄のみに投資していたら、やはり痛手は大きかったと思います。

一方、米投資会社バークシャー・ハサウェイを率いるウォーレン・バフェット氏が、日本の総合商社5社に発行済株式数の5％以上を投資したことから、総合商社の株価は軒並み上昇に転じました。だからといって総合商社ばかりに投資すると、バフェット氏が保有株を手放すという噂が流れた瞬間、下落に転じることも考えられます。

共倒れを避けるためにも、たとえばＩＴ業界から1社、総合商社から1社、不動産業から1社などと、業種を分けて分散投資するのも選択肢の1つです。

③株価のトレンドで分散

株価の中長期トレンドには、株価がじわじわと上がり続ける「上昇トレンド」、逆に下がり続ける「下降トレンド」、一定の範囲内で上下をくり返す「ボックス」と大きく分けると3つのトレンドがあります。

株価は上がったり下がったりするものですが、こうした大まかな株価のトレンドに応じて分散投資するという方法もあります。

上昇トレンドの銘柄は、好調な業績を反映して上昇している場合が多く、この前提が崩れなければ、この先も株価が上がり続けることが期待できます。

下降トレンドの銘柄は、業績の悪化などにより下落が続いている場合は、業績の改善の兆しが見えれば、下降トレンドが終息し、一転して右肩上がりトレンドになることも考えられます。

ボックスは、高配当銘柄、成熟企業に多く、一定の間隔で株価が上下をくり返すパターンが続く銘柄を指します。外部環境や企業の内容が大きく変化しない限り、比較的高値と安値の予測がしやすいので、売買をくり返すことで利益を狙えます。

3つからどの方法を選ぶにしても、**半年か1年ごとに値動きを定期的に観測して、投資判断が間違っていなかったかを検証することが欠かせません。**

そのふり返りによって、どういう分散投資が自分に合っているかを見定めていくようにしましょう。

信用取引には安易に手を出さない

分散投資に加えて、株式投資のリスクをコントロールするうえで欠かせないポイントが、「信用取引」には安易に手を出さないということです。

信用取引は、差し入れた証拠金の最大約3・3倍（ネット信用取引では約2・85倍）の取引ができます。手持ちの資金が少なくても、証券口座の現金や保有株式を担保に、証券会社から借金をすることでレバレッジ（倍率）を効かせて多額の投資ができるのです。

株式投資は、長期間続けるほど、複利のパワーを活かして資産を大きく増やせますが、そのためには株式市場から退場せずに、できるだけ長くとどまることが大事です。

しかし、信用取引は値上がり局面では大きなリターンが得られる半面、値下がり局面では大きな損失を被ると同時に、場合によっては強制的に売却せざるを得ない状況に立たされてしまうことも少なくありません。

銘柄の選別に加えて、資金管理も同時にできないと、一時的な市場の変動で強制退場させられてしまうリスクがあるのです。

証券口座に入金した現金の範囲内で投資する「現物投資」なら、株価が値下がりしても含み損は出ますが、それ以上の損失は生じません。

前述のように企業が倒産すると株式の価値はゼロになりますが、それ以上の損失は生じないのです。損をしても経験を積んだと前向きに捉え直し、そこでの学びを活かして前進すればいいだけです。

ところが、**信用取引で失敗して、投入した資産以上の大きな借金を背負うと、前進のチャンスさえ得られないまま、株式市場から退場を強いられるのです。**

先日、とある株の勉強会で出会った専業投資家さんは、元手200万円をピーク時には8億円まで増やした経験があるというつわものでした。その彼が活用していたのが、信用取引や先物取引といったリスクの高い投資（投機）だったのです。

さらに「空売り」という手法も駆使していました。

通常の株式投資は、株式を買って値上がりしたら売って差益を儲けようとしますが、空売りはその逆を狙います。証券会社から株式を借り、まずは株を売ってから、その後値下がりしたところで買い戻すことによって、その差益を儲けようとするのです。

たとえば、現在の1株1000円が「高い」と考えて、これから値下がりすることが予想されるときに空売りします。その後、株価が1株800円まで下落したところで買い戻せば1株あたり200円、仮に1000株空売りしていたとすると、20万円の差益が得られるという手法です（手数料や金利は別途かかります）。

その専業投資家さんは空売りも駆使して一時8億円まで資産を増やしたそうですが、信用取引の失敗、先物取引での失敗などが重なり、資産を一気に1600万円まで減らしてしまったとのことでした。

再起を図るにあたり、勉強会に足を運んだそうなのですが、「ずっと参加したいと思っていたのですが、メンタルをやられて不眠症になり、しばらくは外出できませんでした」と告白してくれました。

私が「まだ1600万円残っていますよね。元手が200万円なら、そこから見れば資産は8倍に増えていることになりますし、自分の失敗を話せるなんて立派じゃないですか」と声をかけたら、「少しは前向きな気持ちになれました」と笑顔でこたえてくださいました。

8億円まで資産が増えたら、「半分くらいは利益確定して、現物投資やインデックス投資に切り替えておこう」と思う人も多いと思います。

しかし、200万円を8億円にしたという強烈な成功体験があるからこそ、8億円をもっと増やせるはずだと思うのでしょう。

そんなことをいっている私も、実は何度か信用取引に手を出したことがあります。

最初の信用取引は2011年の福島第一原子力発電所の事故で急落した東京電力株を信用買いで勝負して、大きな利益を得ました。この年に累積利益1億円を突破したのは、この信用買いのおかげです。

しかしその後、2016年、2020年に信用取引で勝負を試みるも、結果は大敗に終わりました。

私には信用取引を使った勝負は向いていないと思い、それから信用取引で大きな勝負はしていません。

できるだけ多くのお金を証券口座に移す

「株式投資は余裕資金で始めるべきだ」とよくいわれます。余裕資金とは、ここでは仮に失っても問題がないお金とします。
でも、そう考えると、証券口座に入金する金額が限られる恐れがあります。銀行預金が合計500万円あるとしても、それを全部失ってもいいとは、普通は考えないでしょう。
通常の金銭感覚なら、預金500万円であれば、「100万円くらいは失っても納得できるかな」といった感じではないでしょうか。

「余裕資金＝失ってもいいお金」と考えると、このケースで株式投資に回せるのは、手元にある現金の20％にとどまります。

証券口座に入金できるお金は、多ければ多いほど有利ですが、証券口座に失ってもいい余裕資金しか入れないと決めてしまうと、元手が限られるので、株式投資の効率が下がってしまいます。

会社員の兼業投資家であれば、日々の生活は毎月の給料でまかなえているはずです。だとしたら、**できるだけ多くのお金を証券口座に入金して、キャッシュポジション（証券口座内の現金買付余力）を残さず、現金比率を抑えた「フルインベストメント」によって、攻めの投資姿勢にしてもよいと思うのです。**

日々の生活費まで証券口座に入れるべきではありません。お子さんの教育資金のように、失うと家族に悪影響を与えるようなお金に手をつけるのもNGです。

しかし、それ以外のお金は、インフレリスクからお金を守るという意味でも、とりあえず証券口座に移して株式を買ってみるという考え方のほうがよいでしょう。

手持ちのお金をどの程度証券口座に移せるかは、どのくらいのリスクを許容できるかで違います。

過去70年間のトラックレコード（運用実績）が7％ほどのインデックスファンドでも、暴落が起こると時には年間40～50％のマイナスになることもあります。

銀行預金500万円の場合、500万円をそっくりそのまま証券口座に入れて全額インデックスファンドに投資したとすると、マイナス40％だと200万円、マイナス50％だと250万円の含み損を抱えるリスクがあります。

あなたは、そんな状況を許容できるメンタルの強さを持っているでしょうか？

証券口座に入金するときに、「ちょっと怖いな」と感覚的に思うようなら、その入金はひとまずやめておいたほうがよいかもしれません。

私は自分の器《うつわ》を超えるような投資はしないほうがいいと思っています。メンタルが落ち込み、仕事にも家庭生活にもマイナスの影響を及ぼすからです。

リスクをどこまで許容できるかという器の大きさは人によって違います。同じ人でも経験値に応じて変わってきます。

背伸びをする必要はありません。
それぞれ、そのときの許容度に応じて、その器をオーバーしない範囲内で証券口座に入金するというスタンスを目安にするとよいでしょう。

余裕資金から
チャレンジ資金へと発想転換

「証券口座に入金したお金を失うのはイヤだ」とリスクをまったくとりたがらない人がいるかもしれません。そういう人は、マインドセット（ものの見方や考え方）を切り替えてみてください。

証券口座に入金したお金は、「チャレンジ資金」だと思ってみるのです。

チャレンジ資金というのは、私が勝手につくった造語で、「株式投資にチャレンジするための資金」というそのままの意味です。

ゴルフをするならクラブをそろえてゴルフボールも必要になるでしょうし、釣りには竿やリールといった道具が必要になるでしょう。ランニングをするにも、ケガ防止のために普段履きのスニーカーではなく、ランニングシューズを買うくらいは必要になります。

こうしたお金は、私がいうところの「チャレンジ資金」です。そして、「あとで回収してやろう」とは考えないほうがいいお金です。

なぜなら、途中で飽きたりしてやめたとしても、投入した資金や労力がとり戻せない、経済学でいうところの「サンクコスト」（埋没費用）だからです。

お金としては回収できないとしても、ゴルフや釣りを自分なりに楽しむことができるようになったり、ランニングをするようになって体重が減ったりしたら、「チャレンジ資金は無駄ではなかった」と満足できるのではないでしょうか。

ゴルフや釣り、ランニングでは、回収できないお金が出ても不満に思わないのに、株式投資では「投入した資金を失いたくない」というのはヘンな話です。そこは、チャレンジ資金だと割り切ってしまうと、損をしたときにも気持ちが楽になると思います。

多少チャレンジ資金を使ったとしても、続けているうちに経験値が高まって投資効率が上がれば、当初のチャレンジ資金をはるかに上回るリターンが得られるようになります。

株価はまるで生き物のように動いています。買った銘柄が値上がりすることもあれば、値下がりすることもあります。一時的な値下がりに耐えられないと、値上がりによる資産形成も望めないのです。

フルインベストメントがベスト

私の証券口座は、つねに95％以上が株式。証券口座内のキャッシュポジション（現金買付余力）の割合は5％以下です。

このように、証券口座内に現金をほぼ残さず、株式で全力運用するスタイルを「フルインベストメント」と呼びます。

フルインベストメントはリスクが高いから、キャッシュポジションを50％くらいは確保して、半分くらいは現金で持っていたほうが安全という主張もありますが、私自身はそうは思いません。

そもそも証券口座に入れた資金は、生活に支障のない余裕資金のはず。生活資金が別に確保されているのであれば、証券口座内のお金はできるだけ株式投資に回して、お金にせっせと働いてもらうほうがいいのです。

また、証券口座に入っている現金にも、インフレリスクがあります。価値が目減りする現金より、証券口座に入っている現金にも、インフレリスクがあります。価値が目減りする

それにキャッシュポジションを多く確保しようとすると、資産における株式の割合が下がりますから、全体の利回りも下がってしまいます。

コロナ禍では、株式市場は一度暴落してから、すぐに回復し、バブル崩壊以降の最高値を更新するまで上がりました。

ところが、いろいろな人から話を聞いてみると、暴落した株価が一度回復してから、再び暴落する「二番底」を恐れて、キャッシュポジションを増やした投資家が少なくなかったようです。

「二番底は黙って買え」という相場の格言があり、多くの投資家は二番底で買うタイミン

グをうかがっていました。ところが、大方の予想に反して二番底は訪れず、株価はV字回復しました。

そのため、キャッシュポジションを増やしたのに買うタイミングを逃してしまい、とり残される投資家が続出したのです。証券口座内に現金買付余力があっても、株式市場全体の回復スピードが速く、買うに買えない状況に陥ってしまいました。

コロナ禍では私も一時は1億円を超える資産が減少しました。しかし、銘柄を入れ替えながら、多くの株式を保有し続け、株価がV字回復した恩恵もあり、底から1億5000万円の資産増加となり、コロナ前と比較すると資産が5000万円増えました。

統計的に見ると、現金がインフレで目減りするのとは対照的に、株価は長期的には右肩上がりになると証明されているのですから、少なくとも証券口座内では株価が下がりそうだからという理由だけで、安易にキャッシュポジションを増やさないほうがいいと私は考えています。

銘柄を入れ替えてポートフォリオをリフレッシュ

フルインベストメントだと、現金買付余力がほとんどありません。買いたい銘柄が出てきたら、いま保有している銘柄のなかから、どれかを売って買付資金を調達することになります。

たとえるなら、ポーカーでいらないカードを捨てて、新しいカードをもらうイメージです。ポーカーだと、何を捨てるかはプレーヤーが自由に決められますが、どんなカードが来るかは運まかせです。

その点、**株式投資では、何を捨ててどんなカード（銘柄）を新たに入れるかは自分で決められます。入れ替えによってポートフォリオがリフレッシュされるので、いいカードだけが手元に残ることになります。**

キャッシュポジションを多めに残して、買いたい銘柄が出てくるたびに株式を買って、入れ替えをサボっていると、ポートフォリオがいつまでたってもリフレッシュされません。

値上がりする銘柄がある一方、なかには買ってはみたものの〝鳴かず飛ばず〟の銘柄も生じるため、ポートフォリオ全体の利益が思ったように増えてくれないことがあるのです。

ポートフォリオをリフレッシュする際、何を売り、何を買うべきか？

統計的には、含み損がもっとも大きくなっている銘柄を売ったほうがいいというデータがあります。

株価が下がって含み損が増える理由は、大きく分けて3つあります。それは、「割高で買った」「企業に悪い材料が出た」「市場全体の値動きに影響を受けた」という3つです。

もし3つとも該当する銘柄なら、この先持っていても反転する可能性は低いですから、資金効率を高める意味でも、なるべく早めに処分しましょう。

特に「割高で買った」のは、完全に投資家の自己責任です。株式投資を続けて、少なくとも価値に見合う適正価格（フェアバリュー）で買えるように経験を重ねて、同じ失敗をくり返さないようにしていきましょう。

「企業に悪い材料が出た」のは、投資家ではなく、企業側の問題ですが、悪材料の中身を見極めるのは投資家の仕事です。

たとえば、業績の下方修正の悪材料が出た場合、低迷が一時的なものであり、企業の本質的な価値や成長性に変わりはないと判断したら、株価が下落しても持ち続けるべきだと私は考えています。

一方で、企業の体質の悪さによって引き起こされる悪材料には注意が必要です。

そうした企業はたとえ、株価が持ち直したとしても、悪い企業体質がもととなり同じような悪材料がくり返し出てくる可能性があります。

不倫をくり返している人の性癖がなかなか変わらないように、こうした企業の体質もなかなか変わらないため、将来もまた不祥事を起こすリスクが高いのです。

「市場全体の値動きに影響を受けた」場合、**日経平均株価などの指数と比較して下落率が小さいなら、特に気にする必要はありません。**

しかし、たとえば日経平均株価などの下落率がマイナス5％なのに、特段の理由がなく自分の保有銘柄が5％以上も下落して、なおかつ日経平均株価などが大きく上昇した日にも、自分の保有銘柄がそれ以下の上昇率だった場合は、その銘柄に固有の問題がある可能性があります。

その問題を認識したうえで投資するならまだしも、自分が気づいていない隠れたリスクがある場合には、見切る勇気が必要かもしれません。

もっとシンプルに考えるなら、自分の保有銘柄を眺めてみて、「現在の株価でまた買いたいと思うか？」と自問自答してみるのも効果的です。

「追加で購入したい」と思えるなら、売らないほうがいいですし、「この値段では買わないな」と思ったなら、もしかしたらほかの銘柄に乗り換えたほうがいいかもしれません。

私の場合、自分の保有銘柄のうち、どの銘柄を売るかを株価だけでは判断しません。

いずれの銘柄も、「いまはまだ割安でも、今後も成長が続いて企業価値が上がり、株価は評価されるだろう」といった自分なりのストーリーを組み立ててから購入しています。

自分が描いたストーリーと違った場合や、予想以上に業績が悪化した場合など、自分が想定していないことが起きた場合には、含み益・含み損に関係なく、躊躇なく売却して、より有望な銘柄と入れ替えているのです。

いろいろな銘柄に興味が出てくると、「機会があれば買いたいな」と思い、株価や業績をチェックする銘柄の「ウオッチリスト」ができてきます。

私はネット通販でものを買うときも、すぐには買わず、ひとまず買い物カゴに入れておきます。

その後いろいろな商品を見て、本当に必要か、日を改めて考えて、それでもほしいと思ったときに購入するようにしています。

それにより衝動買いをする可能性は低くなりますし、「あっちのほうが安かった」とか「もっといい商品があったのに」と後悔することも少なくなります。また価格も安くなったのか高くなったのかが、わかるようになります。ウオッチリストも、まさにそんな感覚で活用しています。

不要な銘柄を処分してキャッシュポジションが増えたら、そのお金で買える銘柄をウオッチリストから探して買うことをぜひ検討してみてください。

セクター別に どう投資先を検討するか？

コロナ禍の業績では、同じセクター内でも明暗を分けました。典型例が、外食産業です。蔓延防止のために外出自粛が求められ、時短営業や休業を要請されるようになり、外食産業は大打撃を被りました。それでも、テイクアウト需要をうまくとり込んだ日本マクドナルドホールディングス（２７０２）や、ケンタッキーフライドチキンの日本ＫＦＣホールディングス（９８７３）は、最高益を叩き出す好調ぶりです。

これと対照的に大きく落ち込んだのが、ワタミ（７５２２）などの居酒屋や、すかいらーくホールディングス（３１９７）などのファミレスで、大幅な赤字決算となりました。

このように**同じセクター内で業績にはっきりとした差が出ている場合、それを契機に業界内での淘汰が一気に進む可能性があります。**

今後、居酒屋やファミレスといった業態が完全にゼロになることはないでしょうが、どの企業が生き残って成長するかを見極めるのは難しいため、私には見極めることができなかったこともあり、こうした業界への投資は控えました。

一方、外食産業とは異なり、コロナ禍の影響を受けて同じセクター内で軒並み赤字を出した業界もあります。代表的なのが、鉄道業界です。

不要不急の外出自粛、都道府県をまたぐ往来自粛、テレワークの推奨などで人流が抑制されたため、鉄道会社は過去にないレベルの売上高の減少に見舞われました。

どの企業も赤字転落となり、先行き不透明の苦しい経営環境に置かれたのです。

このように**同一セクター内の企業が軒並み赤字という状態は、ずっと続くわけではない**と私は考えています。もしこのまま赤字が継続するならば、究極的にはそのセクター内の企業がすべて倒産する恐れがないともいえません。しかし、重要な社会的インフラを担う鉄道業界が、この世の中から消えてなくなることはないでしょう。

地方で赤字路線を廃止しようとすると、地域住民から「路線を残してほしい」という要望が出るくらい、鉄道は必要不可欠な存在です。

そうなると、鉄道業界で最初にどこの企業が復活するかという予測を立てて、そこへの投資を考えてみるのも一手です。

個人的に、鉄道業界で最初に復活してくるのは、ＪＲ東海（東海旅客鉄道／９０２２）だと思っています。日本の大動脈ともいえる東海道新幹線という極めて重要な資産を持っているのと、東海道新幹線から上がる利益は業界トップの利益率を誇るからです。

その次に復活すると考えているのは、ＪＲ東日本（東日本旅客鉄道／９０２０）です。首都圏をくまなくネットする鉄道網と新幹線に加えて、東京駅などの多くの優良な不動産を持ち、キャッシュレス事業で唯一黒字化しているとされるＳｕｉｃａ事業も手掛けているからです。

このようにある程度予測が立てやすく、倒産するリスクも限定される場合において、株価が大きく下落したときは、絶好の投資チャンスになると私は考えています。

株価が下がっているときこそ よく見たほうがいい

損はしたくないけれど、できるだけ大きく儲けたい。そんな投資家心理が働くと、株価

が下がっているときは気分がブルーになって株価をしばらくチェックしなくなり、一方で上がっているときには1日に何度も株価を確認したくなります。

そして下がり続けたら損切りしたくなり、上がったらすぐに利益確定したくなります。

でも、本当はその逆をやるべきです。

下がっているときはあえて株価を見る勇気を持ち、上がっているときはほったらかしで頻繁にチェックしなくてもいいのです。

カラダの具合が悪くなったら、病院に駆け込んで原因を突き止めて対策を立てるべきですが、健やかで快適に過ごせているなら、1年に1度健康診断を受ければ十分でしょう。

それと同じことなのです。

保有株の株価が上がる様子を何度も見ているうちに、利益確定の甘い誘惑に負けそうになります。誘惑に負けて利益確定すると現金に換わりますから、インフレリスクに直面すると同時に、将来の大きな含み益を得る機会を逃すことにもなりかねません。

前述したように、購入したときの成長シナリオが崩れていない限り、ほったらかしでちょうどいいのです。

株価が下がっているときは、保有株になんらかの異常が起こっている恐れがあります。病院で検査をしてもらうように、その原因を突き止めて対処するべきです。

特に**日経平均株価が横ばいなのに、保有株だけが下がっていたり、日経平均株価の下落率よりも大きく値を下げていたりしたら、その理由を見つけるようにしましょう。**

前述のように、株価が下がる理由は大きく3つありますが、そのどれに相当するかを判断する材料になるのは、四半期（3か月）ごとに開示される「有価証券報告書」や「決算短信」といったＩＲ情報です。これらは各企業のサイトで確認できます。

小売業などで公表される月次の売上高がテストの点数だとしたら、有価証券報告書や決算短信は通信簿のようなものです。

テストの点数に一喜一憂しなくても、通信簿にはしっかり目を通して、内申点がどのくらいもらえるかをチェックするべきでしょう。

有価証券報告書と決算短信は企業の総合的な評価であり、本質的な価値がそこに示されています。

株価は、長い目で見ると、企業の本質的な価値にシンクロします。

価値が高い企業の株価は上昇トレンドに乗り、価値が低い企業の株価は下降トレンドを描くようになるのです。

厳しいことをいうようですが、「数字は見たくない」「細かい数字を見てもどうせわからない」などとＩＲ情報から目を背けていると、投資家として成長できません。

まずは、詳しい内容はわからないままでも、通信簿を見るような感覚で、保有株のＩＲ情報をチェックするクセをつけてみましょう。

投資の成否はインデックスとの比較で判断

投資の神様ウォーレン・バフェット氏は、「自分が死んだら、資産の９割はＳ＆Ｐ５００に連動するバンガード社のＥＴＦ（上場投資信託）、残りの１割は米国債で運用するように」と遺言しているそうです。

Ｓ＆Ｐ５００とは、アメリカを代表する５００銘柄が採用されている株価指数（インデックス）です。つまりバフェット氏は、資産の9割をインデックスファンドに投資することをすすめているのです。

何度も触れているように、日本でもアメリカでも、インデックスの過去のトラックレコード（運用実績）は年7％ほどです。複利で運用すれば、10年で約2倍になる計算です。配当金を再投資すれば、成績はもっとよくなるでしょう。

それでも**個別株投資をするのは、インデックス投資のパフォーマンスを上回るリターンを得るためです。**

インデックス投資で満足できるなら、わざわざインデックス投資よりリスクがあり、調査も必要な個別株投資をする必要はありません。私が個別株投資を続けているのは、インデックス投資を上回る成績をあげられているからです。

個別株投資の成否は、インデックス投資との比較で判断するようにしましょう。

インデックス投資でも毎年必ず7％ほどの利回りがあるわけではありません。7％を大きく上回る年もあれば、マイナスに陥る年もあります。それをならして平均化すると、過去の運用実績が年率7％ほどだということです。

100万円分の個別株投資が1年で120万円になったら、利回り20％で20万円の含み益が出ます。インデックス投資の平均値の約3倍ですが、その年のインデックス投資が利回り30％だったとしたらインデックスに負けています。

投資した金額に対して何％プラスになったかで個別株投資の成否を判断するのではなく、その年のインデックス投資の利回りを上回っているかどうかを1つの物差しにするべきです。

1〜2年といった短期的なスパンでは、個別株投資はインデックス投資に負けることがあります。バフェット氏のような投資の神様ですら、負けることがあるのです。

特に、コロナ禍以降の株価の上がり方は異常でしたから、2020年はインデックス投資に負けている個別株投資家のほうが多かったのではないかとさえ思えます。

資産形成のための株式投資は中長期スパンで行うべきで、わずか1〜2年の運用成績で早計に判断しないほうがいいと思います。

ただし、仮に**10年間個別株投資を続けてきて、その間のインデックス投資の平均利回りに勝てないとしたら、そのときは負けを認めてインデックス投資に切り替えたほうが得策かもしれません。**

リスクをとって銘柄を選び、四半期ごとに有価証券報告書や決算短信を読み込んでいるのに、インデックス投資に勝てないとしたら、私ならちょっと考え込んでしまいます。

中長期で続けると7％ほどの運用実績のあるインデックス投資なら、有価証券報告書や決算短信を読み込む必要もなく、日常的な株価の変動に心を乱される恐れもないからです。

「入金投資法」はインデックス投資向き

私は元手600万円でバリュー（割安）株投資を始めて以来、暴落など株価が急落したときを除いて、証券口座に追加入金はしていません。

専業投資家ということもあり、株以外からの収入がほとんどないということもありますが、最近は配当金も再投資せずに引き出すこともあります。

ただ、毎月給料が入ってくる会社員の兼業投資家なら、毎月一定額を証券口座に入金することも可能でしょう。そこで、入金投資法をするうえで、3つのアドバイスをします。

第1に、**入金投資法は、インデックス投資向きだということ。個別株投資だと、入金のタイミングで買いたい（買える）銘柄があるとは限らないからです。**

一方、インデックスファンドなら、一定額を入金して買い付けをする「ドル・コスト平均法」を継続することで、相場の高安による影響を抑えながら、投資資金を段階的に上げていくことができます。一定の間隔で買い付けを継続することで、平均的な保有価格となるため高値づかみしてしまうことがないのです。

第2に、**個別株投資をメインにする場合でも、元手が500万円くらいになるまでは、証券口座への追加入金を続けたほうがいいと思います。**

元手が少額のままだと、買える銘柄も限られますし、1銘柄あたりの投資金額も少額のため、うまくいって儲かっても必然的に利益も小さくなります。私が追加入金をしないで個別株投資が続けられたのは、そのときに600万円の元手が確保できていたからです。

一方で注意が必要なのは、初めから大きなお金を証券口座に入れてしまうと、失敗したときの損失額も大きくなってしまうことです。ある程度慣れるまでは、段階を踏んで入金していったほうがいいかもしれません。

第3に、**投資資金が増えていくにつれて、入金による影響も少なくなると理解しておくことです。**

たとえば、当初100万円を元手に投資を始めて、月々5万円ずつ入金した場合、1年後には投資元本が160万円となります。つまり入金による元本増加は60%となり、株式の平均パフォーマンスの約7%と比較しても、入金による運用資金増加の割合が大きくなります。

一方で運用資金が1000万円の場合は、月々5万円ずつ入金した場合、入金による元本増加は6%にとどまり、株式の平均パフォーマンスの約7%よりも低い値となります。

このあたりまでくると入金による影響より、株式のパフォーマンスのほうがより重要性を増してくるのです。

２００1年から６００万円でバリュー株投資を始めて以来、私は追加入金を控えて、日々記録をつけながら投資を続けてきました。

追加入金していたならば、さらによかったかもしれませんが、２００1年は運よく相場全体がマイナスのなか、81・1％のプラスとなり1０００万円を超えることができました。運用資金が増えたことにより、投資効率が格段に上がったのです。

記録すると投資が〝見える化〟できるようになり、そこから得られる気づきが投資効率の向上へと導いてくれたのでしょう。

会社員の兼業投資家は、毎月の給料やボーナスから証券口座に追加入金をすることも可能ですが、**いつまでも追加入金に頼った投資をしていると、「損をしても、ボーナスで補塡すればいいや」などと考えるようになり、銘柄選定が甘くなる恐れがあります。**

それでは底の抜けたバケツに水を入れるようなものですから、投資効率が上がりにくく、証券口座に盛んに入金している割には株式資産がいっこうに増えない状況に陥りがちです。

他人がすすめる銘柄を うのみにして買ってはいけない

私の株式投資のバイブルの1冊に、『グリーンブラット投資法』があります。少々難しい内容なので、あえてその中身には触れませんが、興味がある人は読んでみてください。では、なぜこの本を持ち出したのかというと、本の帯に私のいいたいことが端的に書いてあったからです。それは**「上がる株を教えて…　まだそんなこと言ってるの!?」**というキャッチコピーです。

すでに触れたように、私のところには、「どんな銘柄を買ったら、儲かりますか?」といった相談（コメント）がよく寄せられます。

しかし、**株式投資は、他人の推奨銘柄を買って儲かるほど甘くはありませんし、仮にすすめられた株が結果的に上がっても、一時的に大きく下落した際には不安になって損切りしてしまったり、上がるまで待つことができなかったりと、自分にとって合うかどうかはわからないのです。**

だからこそ、最初は難しいかもしれませんが、ゆくゆくは自分自身の頭で考えて判断していくしかありません。

自分の頭で考えることを放棄して、他人の推奨銘柄を買っていたら、個人投資家としての成長につながりませんし、株式投資の楽しみも奪われてしまいます。


たとえば、自分に似合う服がわからないときは、店員さんや家族、友だちに相談して決めることもあるでしょう。しかし、それをいつまでも続ける人はいないと思います。すすめられた服が似合うかどうかも大切ですが、服の素材が自分にとって合わないこともあります。そこまでは、店員さんにはわかりません。

最初は参考にしたとしても、それからより自分に合う服を選んでいくようになると思います。株式投資の銘柄選びも、それと同じことです。

最初は誰でも失敗します。私も高校2年生のときに資産を1500万円まで増やしましたが、その後失敗して200万円まで減らしてしまいました。

その失敗が学びとなり、専門学校に進み、簿記や販売士の資格をとるために勉強しようと思ったのです。失敗をくり返すことで投資家として少しずつ成長してきました。

もし冷蔵庫を買って故障したら、保証期間内であればアフターサービスの窓口に電話して無料で修理をしてもらったり、交換してもらったりできます。

ところが、株式投資には保証期間がありません。もくろみが外れて投資先の業績が悪化して株価が下落しても、その含み損を証券会社が補塡してくれるわけではありません。株式投資は投資家の自己責任なのです。

だからこそ、どの銘柄をどの株価水準なら買うのか、自分の頭でじっくり考えて投資判断を下すことが重要になります。

84ページで、株式投資はクラウドファンディングに似ているという話をしましたが、クラファンで、誰かの真似をして資金を投入する人はいないのではないでしょうか？　自分が気に入ったもの、魅力的に感じたものにしか、資金を投入しないと思います。

株式投資もクラファンのようなものだと思っていれば、「どんな銘柄を買ったら、儲かりますか？」といった質問もなくなるのではないでしょうか？

「この商品、ＳＤＧｓ（持続可能な開発目標）のためにもいいかも」と思って投資したクラファンで、当初の目標額を上回る資金が集まり、無事に商品化されたとします。

その商品が大きな話題を集めて、ネット上でトレンド入りしたら、「あれを商品化するためのクラファンに、私はいち早く参加したんだ」とひそかに胸を張りたくなるでしょう。

株式投資でも、投資先の業績や資産が右肩上がりになり、それを反映して株価が上昇したら、ひそかに胸を張りたくなるはずです。


逆にクラファンで商品化に成功したのに、いざ届いた商品を使ってみたら、期待外れに終わることがあるかもしれません。

仮に1万円で買った商品が気に入らないと思ったら、新品のうちならフリマアプリなどを使って売ることもできます。結果的に損をすることになったとしても、自分でよかれと思って参加したクラファンなら、「これも勉強代だ。次はもっとよく検討してから、参加しよう！」と前向きになれると思います。

その点は株式投資も同じなのです。自分で考えて投資をした結果、損をしたとしても、「いい勉強になった。この経験を活かして次は失敗しないようにやってみよう」とポジティブに捉えるようにします。

これを地道にくり返していくことこそが、賢明なる個人投資家への道だと、私は思っているのです。

値上がり狙いか、配当金狙いか

株式投資で利益（ゲイン）を得るには、おもに2つの方法があります。

1つは、株価の値上がりによる利益（キャピタル・ゲイン）を狙うもの。もう1つは、配当金による利益（インカム・ゲイン）を狙うものです。

私は値上がり益を狙った投資をしていますが、配当金狙いの個人投資家もいます。もちろん、その両方を狙う個人投資家もいます。

株式投資の目的やそれぞれが置かれた状況によっても考え方は違いますから、一概にどちらがよいとは決められません。

それを承知であえていうなら、特に資金が小さいうちは**値上がり益を狙った投資をメイ**

ンにするべきでしょう。

「配当利回り」の高い銘柄に投資しようとすると、選べる銘柄が限られてしまいます。**株価は企業の本質的な価値が上がるにつれて、上昇していくものですが、配当金をたくさん出す企業は成熟産業や斜陽産業が多く、大きな株価上昇は望み薄です。**

これからの成長が望めなくなると、企業は将来の成長のための先行投資にお金を使うのではなく、株主に配当金を出すことによって株価を維持しようと考えるからです。

対照的に成長企業は配当金を出すくらいなら、将来のさらなる成長に先行投資しようとするので、無配（配当金ゼロ）の企業も少なくありません。

GAFAMの一角を占めるグーグルを運営するアルファベット（GOOG）も旧フェイスブックのメタ（FB）も無配です。配当金ゼロでも、先行投資にともなう業績拡大によって、株価は右肩上がりを続けています。

加えて、**配当利回りは未来永劫保証されているものではなく、企業の収益が悪化してしまうと配当金が減らされることがあります。これを「減配」といいます。配当利回りが高**

いという理由で人気の銘柄では、減配に転落すると株価は大きく下落する恐れがあります。

こうなるとインカム・ゲインも、キャピタル・ゲインも、同時に失いかねません。

東証一部の配当利回りは、平均1・7%。株式資産1億円を築いて「億り人」になったとしても、平均1・7%だと配当金は年間170万円程度です。

しかし、そこから資産が増えて3億円になると、利回り1・7%でも配当金は年間500万円を超えます。これは会社員の平均的な年収に匹敵します。

ですから、値上がり益を狙う投資をして株式資産が増えるにつれて、自然に配当金が増えるというのがベストだと思っています。

「PBR」「PER」「FCF」くらいは押さえておく

投資の神様バフェット氏は、「若い投資家に何かアドバイスをいただけますか?」という質問に対して、「まず会計を理解しなければなりません。会計は、われわれのような投

資家には〝言葉〟のようなものです」と答えています。

この意見に私も同感です。私自身、高校卒業後に会計系の専門学校へ進んで、簿記を学びました（最優秀生徒としてマネジメント1級の称号をもらいました）。

会社員の兼業投資家にとって会計を学ぶのは、投資だけでなく仕事にも有益だと思います。とはいえ、会計を学ばないと株式投資ができないというわけではありません。

最低限押さえておきたいのは、３つのファンダメンタルズ（経済の基礎的条件）の指標です。これだけはきちんと理解しておきましょう。

個人投資家が最低限押さえておきたい3つのファンダメンタルズの指標

①PBR（株価純資産倍率）
②PER（株価収益率）
③FCF（純現金収支＝フリーキャッシュフロー）

①PBR（株価純資産倍率）

PBRとは、企業が持っている「純資産」（自己資本）に対して、株価が割安か割高かを示す指標です。銘柄（企業）名とともにネットでキーワード検索すれば、チェックできます。**PBRが高いと純資産に対して株価が割高、低いと割安と評価できます。私独自の基準で「0・5までが割安」「0・4までが超割安」「0・3以下は激安」と評価しています。**

PBR0・3の企業とは、大ざっぱにいうならば、100億円の純資産がある会社が時価総額30億円で評価されているということです。別のいい方をすると、会社の純資産に対して市場は70％引きの評価をしていることになります。

土地や賃貸不動産などの資産を持ちながらも、PBRが低い銘柄に投資する投資手法を「資産バリュー株投資」といいます。

こうした低PBRの銘柄の場合、自分が購入した価格より株価が下がったとしても、私は不安になることはありません。なぜなら、企業が保有する優良な資産が、急にその価値を失うことはないからです。

むしろ保有する資産に対して株価がより割安になったら、追加で買い増しをするチャン

低PBRトップ10 2021年10月8日現在

順位	名称	PBR	コード	市場
1	千葉興業銀行	0.09	8337	東証1部
2	高知銀行	0.11	8416	東証1部
3	栃木銀行	0.11	8550	東証1部
4	宮崎太陽銀行	0.11	8560	福証
5	山梨中央銀行	0.12	8360	東証1部
6	南日本銀行	0.12	8554	福証
7	豊和銀行	0.12	8559	福証
8	じもとホールディングス	0.13	7161	東証1部
9	筑波銀行	0.13	8338	東証1部
10	東京きらぼし フィナンシャルグループ	0.15	7173	東証1部

銀行を除いた低PBRトップ10 2021年10月8日現在

順位	名称	PBR	コード	市場
1	東京電力ホールディングス	0.18	9501	東証1部
2	日本山村硝子	0.19	5210	東証1部
3	アーレスティ	0.20	5852	東証1部
4	加藤製作所	0.20	6390	東証1部
5	ATグループ	0.20	8293	名証2部
6	新東	0.22	5380	東証JQS
7	桂川電機	0.22	6416	東証JQS
8	合同製鐵	0.23	5410	東証1部
9	GMB	0.23	7214	東証1部
10	東京インキ	0.24	4635	東証2部

スです。ある程度の時間はかかるにせよ、いずれ株価は純資産に見合うフェアバリュー（適正水準）まで近づくと考えるからです。

ただし、単純に「ＰＢＲが割安だから買い」というわけではありません。２０２１年10月８日現在、低ＰＢＲの銘柄でスクリーニングすると次ページ上の表のように銀行ばかりになります。こういう場合は銀行セクターを除外して、次ページ下のように再度スクリーニングすることをおすすめします。

銀行株の多くはＰＢＲで見れば激安のレンジに入っています。いわゆるメガバンクのＰＢＲも０・４程度で推移しているのです（２０２１年10月時点）。

ＰＢＲ０・３未満まで下がったら激安となり、資産バリュー株投資の対象となりますが、超低金利時代が継続するなかで、先行きの業績に対して明るい希望が持てないのと、生命保険大手を中心に地方銀行株の売却を進める意向で、しばらく株価は低迷する可能性があります。

とはいえ、かなり株価は割安なため、私の住んでいる岐阜県の地方銀行である十六フィナンシャルグループ（７３８０）と大垣共立銀行（８３６１）の株は、少しですが保有して

低PERトップ10 2021年10月8日現在

順位	名称	PER	コード	市場
1	フィスコ	1.58	3807	東証JQG
2	川崎汽船	1.82	9107	東証1部
3	Nexus　Bank	2.07	4764	東証JQG
4	田谷	2.30	4679	東証1部
5	商船三井	2.39	9104	東証1部
6	日本郵船	2.50	9101	東証1部
7	千葉興業銀行	2.89	8337	東証1部
8	理研ビタミン	3.33	4526	東証1部
9	ネクストウェア	3.34	4814	東証JQS
10	メタルアート	3.45	5644	東証2部

います。株主総会に参加しながら、今後も様子を見守っていきたいと思っています。

②PER（株価収益率）

PERは、企業の「収益（純利益）」に対して、株価が割高か割安かを示す指標です。これも銘柄（企業）名とともにキーワード検索すれば、チェックできます。

PERが高いと純利益に対して株価は割高、低いと割安と考えられます。PERは業種やセクターによって基準が異なりますが、一般的にはPER15倍以下なら割安と考えられています。

私自身は、PERの逆数（その数に掛け合わせると1になる数）を「株式益回り」として

参考にしています。たとえば、「PER10倍」なら毎年10％の益回り、「PER5倍」なら毎年20％の益回りと評価するのです。

このようにPERが低い銘柄を見つけて投資するのを、「収益バリュー株投資」といいます。低PER銘柄の投資で気をつけなければならない点は、一時的な利益（特別利益など）で利益がかさ上げされるためPERが低く見えてしまう場合です。こうした場合は継続した利益にならないので、いくらPERが低くても投資対象にならない場合があります。

また先ほども述べましたが、業種によってはPERが低めにしか評価されない場合もあります。PBRと同様、単純に低ければよいというわけではない点には、注意が必要です。

③FCF（フリーキャッシュフロー）

会計でいちばん見ないといけないのが、このFCF（フリーキャッシュフロー）です。

FCFは、単純にいうと企業が経済活動で得た現金収支である「営業キャッシュフロー」から、設備投資などの「投資キャッシュフロー」を除いたものです。

FCFとは「企業が自由に使えるお金」で、家計にたとえるなら、給料から税金や社会保険料を除いた残りの自由に使える手取り収入（可処分所得）のことです。

フリーキャッシュフロー トップ10（2020年）

順位	名称	FCF	コード	市場
1	三菱UFJ フィナンシャル・グループ	4兆6923億円	8306	東証1部
2	三井住友 フィナンシャルグループ	4兆758億円	8316	東証1部
3	日本郵政	1兆3463億円	6178	東証1部
4	ゆうちょ銀行	1兆1486億円	7182	東証1部
5	日本電信電話	1兆1424億円	9432	東証1部
6	NTTドコモ	9630億3600万円	9437	東証1部
7	武田薬品工業	9618億7100万円	4502	東証1部
8	楽天グループ	7380億4400万円	4755	東証1部
9	KDDI	7124億600万円	9433	東証1部
10	りそなホールディングス	6957億3800万円	8308	東証1部

ＦＣＦが黒字の会社は、会社の資金繰りに問題はないので潰れることはほぼありません。企業が自由に使えるお金が潤沢にあれば、企業活動以外の株主への還元も高まる可能性があります。

バフェット氏が三菱商事（８０５８）の株式を買った理由の1つは、三菱商事が中期経営計画で「フリーキャッシュフローを７０００億円まで増やす」ことを明記したからです。

「キャッシュフロー計算書」は企業の本決算で開示されていますが、そこに「フリーキャッシュフロー」という項目はありません。そのため自分で計算する必要があります（三菱商事のように、中期経営計画に将来のフリーキャッシュフローの目標値が書かれている企業もあります）。

ただし、自分で計算しなくても、これも企業名とともにネット検索すればチェックできます。投資の最終判断に使う場合にはより精査すべきですが、投資先の候補を選ぶ段階でＦＣＦをチェックしたいならネット検索でも十分でしょう。

応用編❷

株式投資の
5つのステージ

資産1億円に向けたロードマップ

ここからはより具体的に、目標とする株式資産額をクリアするための手段を探っていきましょう。ここで大事なのは、資産運用のステージによって手法や投資法を少しずつ変えていくことです。

ひと口に株式投資といっても、いろんなアプローチがあります。

現在の資産、将来の目標額はもちろん、年齢やリスクがどこまでとれるかを踏まえることで、どういう手法が自分にとって最善なのか考えていくことが非常に大切です。

投資以外に収入のある兼業投資家なのか、私のような専業投資家なのかによっても、スタイルは大きく異なります。

ここでは、「資産運用額」というシンプルな切り口で、5つのステージに応じた資産運用をガイダンスしたいと思います。

カッコ内は平均10％の運用利回りを想定した1年間の期待運用利回りです。

すでに株式投資などである程度の資産を築いている人は、それに応じたステージから読むのもよいですが、ステージ1の項目に大切なことが多く盛り込まれていますから、復習を兼ねてステージ1から読み進めることをおすすめします。

ステージ1 500万円未満……（年間期待運用収益：50万円未満）

ステージ2 500万～1000万円未満……（年間期待運用収益：50万～100万円未満）

ステージ3 1000万～3000万円未満……（年間期待運用収益：100万～300万円未満）

ステージ4 3000万～5000万円未満……（年間期待運用収益：300万～500万円未満）

ステージ5 5000万～1億円未満……（年間期待運用収益：500万～1000万円未満）

ステージ
1

500万円未満
(年間期待運用収益：50万円未満)

ポイント

- 効率重視。株式投資よりもタネ銭《せん》づくりに専念する
- 毎月の給料やボーナスに余裕があれば追加入金
- 節約は必須。無駄なものをとことん排除する
- 分散投資と節約を兼ね、優待利回り5％以上の銘柄への投資もアリ
- 身近で自分が得意なB to C（消費者向け）分野から投資先を決める
- 最低2単元（通常200株）買ってみる

タネ銭を500万円に増やすことが第一関門

このステージには株式投資の成否を決めるポイントがギュッと詰まっています。

ここできちんとした基礎固めをしておくことによって、その先の投資家人生が順風満帆になる確率が高まります。

ここでは資産運用額を500万円未満としましたが、500万円まで資産が貯まる前に株式投資をしたいと思っている人がほとんどでしょう。

仮に元手100万円を投資して運用利回り10％を得られたとしても、運用収益は年間10万円（月額8300円）ほどにとどまります。

ですから、**このステージの初期段階では、投資をする以前に元手となる「タネ銭」を増やすことに重きを置きたいところです。**

100万円を300万円まで増やせたら、運用利回り10％で運用収益は年間30万円（月額2万5000円）となります。

52ページの複利の表を見直してみましょう。100万円を年利10％で複利運用すると、5年後に161万円、10年後に259万円になります。

一方、タネ銭を500万円まで増やせたら、5年後に805万円、10年後に1295万円になります。5年後に車1台買えるくらいの305万円、10年後に地方都市なら中古ワンルームマンションが買えるくらいの795万円の収益が得られる計算です。

タネ銭を増やすいちばん確実な方法は、給料やボーナスから決まった金額を定期的に証券口座に追加入金することです。

会社員のように毎月の給料やボーナスが得られるなら、生活費を差し引いた余裕のあるお金は証券口座に入金する習慣をつけていきましょう。

追加入金以外では、**オーソドックスな手法ながら有効なのが、「節約」です。**

節約というと、わずかな出費すらケチる生活をイメージするかもしれません。しかし、私が推奨したいのは、そういう節約ではありません。

自分なりに工夫をすることで、生活の質を落とさず、自分にとって必要なものやサービスを見極めながら支出を見直して、その過程で浮いたお金を証券口座に入金してタネ銭を

増やしていくのです。

目標は500万円までタネ銭を増やすこと。そのレベルまで資金を増やすことができたら、投資効率もぐんとアップします。

なかには、「夢はでっかく〝億り人〟なのに、節約とかセコい話につき合っている暇はない！」などと頭によぎった人がいるかもしれません。

もちろん、考え方は人それぞれです。でも、タネ銭が少ないうちは投資収益より支出を見直すほうが、トータルでの資産形成の効果は高くなります。

また、節約する過程で「この部分は節約ができないな」と思ったとき、「その商品やサービスを提供している企業に投資したら儲かるんじゃないか」など、投資へのヒントも同時に得られます。

「節約ができないモノやサービスを提供している企業は、不況になっても強いんじゃないか」など、自分の実体験から投資のヒントが得られることもあり、節約や支出を見直す作業はとても大切だと私は思います。

タネ銭を増やすには節約がいちばん効く

タネ銭が小さいうちは、投資による利益よりも節約や支出を見直すほうが、実際のところ効果は大きくなります。

節約や支出の見直しで真っ先にとり組みたいのは、毎月支払っている固定費の見直しと削減です。

簡単に再考できて影響が大きいのが、携帯電話の利用料金。大手キャリアだとデータ通信と通話料で毎月1万円近くかかっているものが、大手のサブブランドや新興のMVNO（仮想移動体通信事業者）の格安プランなら、ほぼ同等のサービス内容を保ったまま、毎月2000円前後で済ますことも可能です。

これで毎月、差し引き8000円のプラスであり、100万円の元手を年利10%で運用した場合の収益に匹敵します。

同じように、インターネット料金や保険料などは、事業者を乗り換えるだけで節約につながることも少なくありません。

固定費のなかでは、住居費の見直しも効果が大きいです。

生きるために欠かせない衣食住では、住居費が占める割合がいちばん高くなっており、平均するとサラリーマンの収入の20〜30％を占めているようです。

住居については、特に独身の場合、家賃が安いところに引っ越せるのならば、思い切って引っ越すのも手です。コロナ禍以降、テレワークが主体となり、出勤機会が減ると、都市部から離れた郊外の住居費と生活費が安いところに転居しても、不便を感じない場合もあるからです。

支払い方法を変えるだけで節約につながることもあります。

日々のこまごまとした代金を精算する際、いまや「現金」で支払うのはナンセンスです。できる限り、クレジットカード払い、キャッシュレス決済などを利用しましょう。最近では、国民年金や住民税などの公共料金をクレジットカード払いにできる自治体も増えてきました。

ネット通販では、楽天市場のように「毎月5と0のつく日は楽天カードの利用でポイント5倍」などとポイントが増額になる仕組みもあります。食料品などの生活必需品では、イトーヨーカドーで「毎月8のつく日はハッピーデー」と称し、店頭で対象カードを利用すると5％オフになる仕組みもあります。

このほか、金券、プリペイドカード、ＱＵＯカード、株主優待券などは、金券ショップで買うと額面よりも安く手に入ります。特に利用期間に限りがあるものは、期限が近づくと格安でゲットできることがあります。

各自治体から、地元商店街の活性化などの目的で発売される「地域商品券」は、通常の還元率が20％と、１万円で１万２０００円分の買い物ができる計算です。コロナ禍では、さらに上乗せして還元率を30～50％にしたプレミアム付き地域商品券も、限定発売されました。

支払い方法をかえることによる節約例

● **現金** ⬇ １００％

●クレジットカード ⬇ 実質97～99・5％（還元率0・5～3％）

●PayPay、auPAY、dポイント ⬇ 実質70～99・5％（還元率0・5～30％）

●金券、ジェフグルメカード ⬇ 額面の94～96％

●地域商品券 ⬇ 実質80％（還元率20％）＊プレミアム付きの場合、実質70％（還元率30％）

●プリペイドカード、QUOカード ⬇ 額面の95～98％

●図書カード ⬇ 額面の94～97％

●株主優待券 ⬇ 額面の50～90％

BtoC（消費者向け）銘柄から投資先を探す

投資と節約を兼ねて、「優待利回り」が5％以上ある銘柄に投資することを考えるのもよいと思います。優待利回りとは、株主優待の価値を金額に換算して、株価で割って求め

るものです。

仮に、株主優待で１０００円分のＱＵＯカードがもらえたとします。それを使って必要な食料品を買う一方、その分浮いた現金１０００円を証券口座に入金するのです。

こうした小さな節約の積み重ねが習慣になると、小さな雪だるまが転がるたびに大きくなるようにタネ銭が増えてきます。

私の知り合いの若い兼業投資家に、月給が手取り25万円で、毎月15万円を証券口座に入金している人がいます。なかなかストイックなことをしているように思えますが、安い社宅に住んで、株主優待券をうまく使えば、十分可能なのだそうです。

肝心の投資先に関して、**どの銘柄がよいのかわからないうちは、自分の身近な分野のＢ toＣ（消費者向け）銘柄から投資先を探すのがおすすめです。**

Ｂ toＣ銘柄とは、一般消費者を相手にするビジネスを展開する企業の銘柄のこと。具体的には「小売業」「外食業」「ゲーム業」「アパレル業」「通販業」などです。

私たちは誰もが、なんらかの消費者なわけですから、Ｂ toＣ銘柄は身近な存在です。日常的に利用している商品やサービスであれば、その企業（銘柄）の成長性や業績は肌感覚

優待利回りが高い銘柄

2021年10月8日時点

順位	企業（銘柄）	優待利回り	株主優待の内容	コード	市場
1	タメニー	294.11%	●自社サービス利用券 ●プレミアム優待倶楽部ポイント	6181	東証マザーズ
2	カーチスホールディングス	117.64%	●株主優待券	7602	東証2部
3	VTホールディングス	77.22%	●レンタカー利用割引券 ●カタログギフト	7593	東証1部
4	フィスコ	61.22%	●自社サービス無料クーポン（IPOナビ）	3807	東証JASDAQ（グロース）
5	モーニングスター	60.38%	●自社投資情報サービス ●暗号資産（仮想通貨）	4765	東証1部
6	SDエンターテイメント	32.83%	●自社・RIZAPグループ商品クーポン	4650	東証JASDAQ（スタンダード）
7	MRKホールディングス	29.19%	●商品割引券 ●RIZAPグループ商品	9980	東証2部
8	夢展望	24.27%	●自社グループ券	3185	東証マザーズ
9	Oakキャピタル	20.20%	●銀製品・特別優待券	3113	東証2部
10	ビジネス・ブレークスルー	17.10%	●自社教育プログラム優待割引 ●宿泊優待	2464	東証1部

おもな人気の株主優待銘柄

銘柄（企業）	株主優待の内容	コード	市場
オリックス	ふるさと優待（3月のみ）、株主カード	8591	東証1部
すかいらーくホールディングス	飲食代割引カード	3197	東証1部
イオン	株主優待カード（オーナーズカード）	8267	東証1部
日本マクドナルドホールディングス	優待食事券	2702	東証JASDAQ（スタンダード）
吉野家ホールディングス	株主優待券（株券に応じた500円サービス券）	9861	東証1部
ヤマダホールディングス	優待割引券	9831	東証1部

でわかるでしょう。

日常生活で気になった商品やサービスがあったら、それを提供している企業名をネット検索してみて、もし上場していたら投資情報をチェックしてみます。

BtoCで、自分で使ってよさを実感した商品やサービスを提供する企業に投資するのは、クラファン的でとても健全なやり方だと思います。


週末に家族で近所の「スシロー」に出掛けて回転寿司を食べ、「おいしい！」と感激して、その運営企業であるＦＯＯＤ＆ＬＩＦＥ　ＣＯＭＰＡＮＩＥＳ（３５６３）の株式を買った人もいました。この会社の株価は上場以来、８倍になっています。

私の投資家仲間の奥さんが、家電量販店で「ＦＵＮＡＩ」というブランドのテレビを買い、安価な割には性能がよかったので、このブランドを展開する船井電機の株式を買ったそうです。船井電機は直近の業績は赤字と低迷していましたが、そのため株価は非常に割安な「ネットネット株」の状態で、私も投資候補の１つに入れていました。

その後、出版事業などを手掛ける秀和システム傘下の秀和システムホールディングスによるＴＯＢ（株式公開買い付け）によって株価は大きく上昇。「大画面テレビが何台も買えるくらいの利益が出た」と喜んでいました。

人には、それぞれ得意分野があります。その得意分野を活かして、BtoC銘柄選びをするのもおすすめです。

ゲーム好きならゲーム会社、メイク好きなら化粧品会社、スイーツ好きなら菓子メーカー、鉄道好きなら鉄道会社といった具合です。

自分が得意なフィールドなら、業界の内情や、個別企業の将来性に関して自然と詳しくなっているでしょうから、勝率が高くなることも考えられます。

何も得意分野がないと思っていても、会社員の兼業投資家なら、少なくとも自分が働いている業界に関しては、ほかの個人投資家より理解度は高いはずです。

こうした自分の得意なことを活かした銘柄探しをすれば、大きな失敗をするリスクは減らせるでしょう。

たとえ、その投資が失敗に終わったとしても、よく知っている業界なら、なぜ失敗したのかという原因もわかりやすいはずです。そうした失敗から学ぶ姿勢があれば、失敗を糧にして個人投資家として成長できるでしょう。

最低２単元（通常２００株）を買ってみる

全上場銘柄の約３８００社のうち、約半数は1単元（通常１００株）を10万円以下で買えます。ＬＩＮＥ証券やＰａｙＰａｙ証券、ＳＢＩネオモバイル証券など、インターネット専業証券会社では、「ミニ株」取引を使うと1株から買えるところも増えました（ただし、一部を除いて優待株に関しては1単元以上買わないと優待が得られません）。

株式投資初心者が、株式投資を始める最初の一歩として利用するのはよいと思いますが、**私は最低２単元（通常２００株）買うことをおすすめします。**

株式投資では「どの銘柄を買うのか？」の次に出てくるのが、「いつ売ったらいいのか？」という悩みです。

もし1単元しか持っていないと、売るか・売らないかの判断しかできません。売らないで継続保有するという選択をしたら株価が下落したり、売って利益確定したはよいものの、その後、株価が続伸して大きな利益を逃したりすることも考えられます。

そこで**2単元買っておけば、悩んだときに1単元（一部）だけ売るという選択肢も生まれます。**

株価の変動に応じて、臨機応変な対応がとれるようになるので、私は最低2単元買うことをすすめているのです。

ステージ2 500万〜1000万円未満（年間期待運用収益：50万〜100万円未満）

ポイント

- 追加入金を控えて真剣勝負
- 国民年金並みの収益を期待（最低限の生活の支えが得られる）
- 自分に合った投資スタイルの確立を進める
- 3〜5銘柄に絞って徹底的に調べてから買う

自分に合った投資スタイルの確立

ステージ2は、株式資産が５００万円以上１０００万円未満の段階です。

元手が５００万円になるまでは、投資効率を高めるために節約に励みつつ、毎月の給料やボーナスからなるべく多く証券口座に追加入金したほうがよいと思います。

そして、このステージになったら、積み立て型のいわゆる「ドル・コスト平均法」のインデックス投資の場合は別ですが、個別銘柄に投資する場合、いったん追加入金を控えてみましょう。

なぜなら、入金により資産が増えていると錯覚してしまったり、当然ながら日々増減する金額も増えてくるので、徐々にメンタルが試されたりするようになってくるからです。資産を減らしたくないからと損をするたびに追加入金していたら、入金に甘えてしまい、どんぶり勘定になりがちです。

ここから先は入金も大切ですが、手元資金を積極的に運用するほうに軸足を移していきます。

このステージで期待される年間の収益は、自営業者やフリーランスなどがもらえる国民年金の年額（40年間納めて65歳以上で給付開始の場合、年間約78万円）に匹敵します。自前で年金がもう1つできるようなものですから、将来の生活に対する不安が少し軽減していくでしょう。

経験を重ねながらこのステージまできたなら、自分なりの投資スタイルを徐々に固めていくようにします。

ステージ1のうちから、投資スタイルをガチガチに固めようとすると、投資先が限られます。仮に「かぶ1000のファンになったから、この先ずっとバリュー（割安）株投資でいこう！」などと決めたら、バリュー株しか選択肢がなくなってしまいます。

恋愛経験が少ないうちは、いろいろなタイプの人とつき合ってみて、どんなタイプが自分と相性がいいのかを探るように、株式投資も最初のうちは自分の手法を1つに絞らないで、いろいろと試してみたほうがいいと思います。

ステージ1を卒業してステージ2にステップアップする頃には、投資経験もそれなりに積んでいるでしょうから、どんな投資スタイルが自分に合いそうかが、おぼろげながらわかってくるはずです。

投資スタイルが固まってくると、投資効率はよくなってきます。あれもこれもと手を広げるよりも、得意分野で投資をするほうがスキルも経験値も上がりやすいからです。

個別株投資には、おもに次のようなスタイルがあります。ここから相性がよいものを選んで、自分なりの投資スタイルを見つけ出していきましょう。

個別株投資のおもなスタイル

●バリュー（割安）株投資

資産に対して株価が割安な銘柄に投資する「資産バリュー株投資」、利益に対して株価が割安な銘柄に投資する「収益バリュー株投資」があります。私が得意とするのは、前者の「資産バリュー株投資」です。

●グロース（成長）株投資

将来、売上高・利益の成長が見込まれる銘柄を、株価が割安なうちに見つけて投資する手法です。ブレイクする前のファーストリテイリング（9983）やニトリホールディングス（9843）、アマゾン・ドット・コム（AMZN）やネットフリックス（NFLX）を見つけるような投資法です。

●高配当株投資

配当利回り（購入した時点の株価に対して、1年間にもらえる配当金の割合）が高い銘柄を選んで投資する手法です。特に配当利回りが良く、年々増配する銘柄は投資家の人気が高く、株価も上昇することが多いです。

●優待株投資

お得な株主優待が得られる銘柄に絞って投資する手法です。

●IPO投資

IPO（新規株式公開）の際、割安に設定されている公募価格で人気銘柄を買い、その後の株価の上昇を期待する投資法です。

3〜5銘柄に分散投資

元手500万円未満なら、お気に入りの1〜2銘柄を選び、そこに全力で投資してもよいと思います。たとえ値下がりしても、それほど大きな損失にはならないからです。仮に300万円で買った銘柄が10%下落しても、含み損は30万円で済みます。

ステージ2に入ったら、1〜2銘柄への全力投資は控えたほうがいいです。

たとえば、株価の上下動（ボラティリティー）が大きい銘柄では、年間±50%の幅で株価が変動することもあります。

トヨタ自動車（7203）や任天堂（7974）のように知名度が高く、時価総額が大きな大型株では滅多にありませんが、知名度が低く時価総額も小さな小型株では、株価の変動率は大きい傾向があります。

大きく儲けられるチャンスがある半面、大きな損失を負うリスクを抱えているのです。

±50%だと、100万円なら50万〜150万円の値動きですが、1000万円になると

500万～1500万円の値動きになります。

含み益を抱えているうちはよいのですが、500万円もの含み損を抱えると不安でたまらなくなる場合もあると思います。

大型株なら心配無用ですが、小型株だと売りたいときに売れないことも考えられます。

小型株は出来高（売買数量）が少なく、売買が活発ではないため、買い手も限られるのです。ステージ1で2単元だけ持っているなら、小型株でも売り抜けられるでしょうが、ステージ2で100単元（1万株）も持っていたら、売りたいときに売れないことも考えられます。

日本には、市場全体の混乱を招く株価の異常な値動きを防ぐため、1日あたりの株価の上下幅を制限する仕組み（値幅制限）があります。

値幅制限は、基準となる株価で異なりますが、1株1000円以上1500円未満の銘柄で制限される上下の値幅は300円。値幅制限の上限まで株価が上昇することを「ストップ高」、下限まで下落することを「ストップ安」といいます。

前日の終値が1株1000円の銘柄の場合、1株700円になるとストップ安、1株1

1日あたりの株価の「値幅制限」

基準価格（前日の終値）	制限される上下の値幅
～　100円未満	30円
100円以上 ～　200円未満	50円
200円以上 ～　500円未満	80円
500円以上 ～　700円未満	100円
700円以上 ～　1,000円未満	150円
1,000円以上 ～　1,500円未満	300円
1,500円以上 ～　2,000円未満	400円
2,000円以上 ～　3,000円未満	500円
3,000円以上 ～　5,000円未満	700円
5,000円以上 ～　7,000円未満	1,000円
7,000円以上 ～　10,000円未満	1,500円
10,000円以上 ～　15,000円未満	3,000円
15,000円以上 ～　20,000円未満	4,000円
20,000円以上 ～　30,000円未満	5,000円
30,000円以上 ～　50,000円未満	7,000円
50,000円以上 ～　70,000円未満	10,000円

基準価格（前日の終値）	制限される上下の値幅
70,000円以上 ～　100,000円未満	15,000円
100,000円以上 ～　150,000円未満	30,000円
150,000円以上 ～　200,000円未満	40,000円
200,000円以上 ～　300,000円未満	50,000円
300,000円以上 ～　500,000円以上	70,000円
500,000円以上 ～　700,000円以上	100,000円
700,000円以上 ～ 1,000,000円未満	150,000円

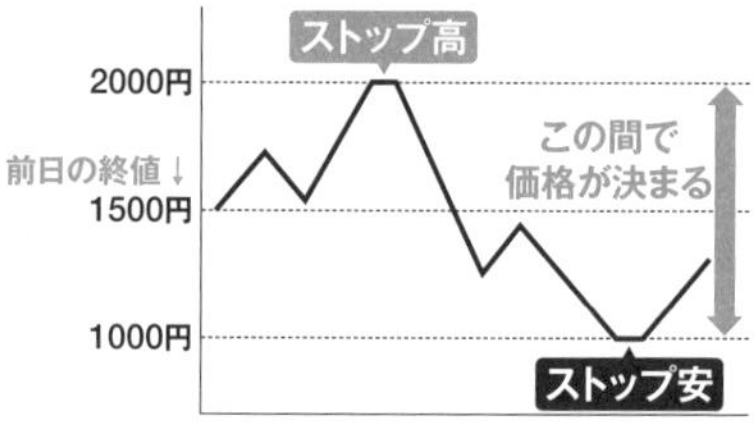

３００円になるとストップ高になります。

小型株が下落する際は、２日連続でストップ安になることがよくあります。仮に１株１０００円の小型株を１０００万円（１万株）買って、次の日に１株７００円まで下落してストップ安になったとしたら、１日目で約３００万円の含み損。次の日も１株５５０円まで下落してストップ安になったとしたら、４５０万円まで含み損が拡大します。

わずか２日間で投資額がほぼ半減して、平均的なサラリーマンの年収に匹敵する含み損を抱えることになるのですから、並の個人投資家は青ざめて冷静な判断が下せなくなるでしょう。

大切なのは、身の丈に合った適度な分散投資です。1つの銘柄に絞って全力で投資すると、先述のようにたった2日間で投資額がほぼ半減するといった大きな含み損を抱える恐れもあります。投資額が増えれば増えるほど、卵を1つのカゴに盛ってはいけないのです。

でも、**あまり過度に分散投資するのも考えものですから、ステージ2では、3～5銘柄に分散するのがよいでしょう。**

分散しすぎないほうがよい3つの理由

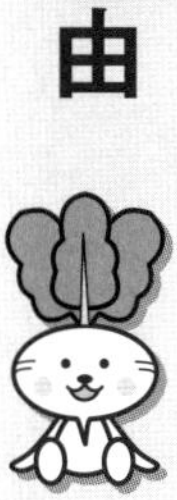

分散投資しすぎないほうがよい理由は、大きく3つあります。
第1の理由は、**分散すればするほど、1銘柄あたりの投資金額が減ること。**
分散しすぎると、大きな含み損を抱えるリスクは減りますが、大きな含み益を得るチャンスも減ってしまいます。

仮に1000万円を20銘柄に均一に分散投資したら、1銘柄あたり50万円になります。そのうち株価が2倍に上がる銘柄が出たとしても、含み益は50万円しか望めません。

一方で5銘柄に絞って均一に分散投資すると、1銘柄あたり200万円。そのうち株価が2倍に上がる銘柄が出たとしたら、含み益は200万円になります。

第2の理由は、**分散すればするほど、1銘柄あたりの分析や情報チェックに割ける時間が減ってしまうことです。**

ステージ2になると、投資金額も増えますから、ステージ1以上にじっくりと銘柄を下調べしてから買わなくてはいけませんし、買ったあとも銘柄情報をフォローしておかなくてはいけません。

ところが、分散しすぎると、1つひとつの銘柄に割ける時間は限られます。

私は専業投資家ですから、その気になれば1日丸ごと銘柄研究に費やすこともできます。

しかし、みなさんの多くは会社員としての仕事や家事などをこなしながら投資をする兼業投資家でしょうから、銘柄研究に割ける時間には限りがあります。

限られた時間を有効活用するためにも、分散しすぎず、ある程度は絞ったほうが得策なのです。

私にはそのような経験はありませんから完全に想像の世界ですが、愛人を10人も20人も囲っていたら、1人ひとりの好みや性格に応じたつき合いがおろそかになるでしょう。それと似たようなものです。

私の保有株には、株価の上下動が激しい小型株も含まれています。しかし、私は日々の株価のこまごまとした値動きは気にしていません。

買う前に徹底的に調べて自信を持って買っている銘柄ばかりなので、たとえストップ安が続いても、その銘柄（企業）の資産価値や成長シナリオが維持され、崩れていなければ、平常心が保てるのです。

会社員の場合、株価の動きが気になって仕事が手につかなくなると、本業に悪影響が及んでしまいます。

購入後に株価が気になるのは、事前の下調べが足りない証拠でもあります。徹底的に調べて、本当によいと思った銘柄に絞って買うようにしましょう。

第3の理由は、**分散しすぎるのは、不安の表れでもあること。**

本当に投資する価値がある銘柄は、そう多く見つかるものではありません。

投資する価値があるのか・ないのかが曖昧で自信が持てないから、広く浅く分散投資したくなるのです。

確固たる自分なりの投資スタイルがあり、徹底的に調べて自信がある銘柄だけ買うように心掛けていたら、自然と適度な分散投資に落ち着くはずです。

ステージ 3

1000万〜3000万円未満
（年間期待運用収益：100万〜300万円未満）

ポイント

- この先何を狙うのか、改めて目標をはっきりさせる
- 資産をもっと増やしたいなら、銘柄数とロットの組み合わせを最適化する
- 株主優待を楽しむという方向にシフトする選択もアリ
- 個別株投資の成績がインデックス投資に劣る場合、インデックス投資もアリ

資産拡大に立ちはだかる壁

1000万~3000万円未満まで金融資産が増やせたら、経験を積んだ個人投資家と胸を張っていえるレベルです。

ここから先のステージでは、何をゴールに設定するかによって3つのコースが考えられると思います。

この先もどんどんステップアップして資産1億円突破の「億り人」を狙うなら、このステージまでに培った投資スタイルをより洗練させて、3~5銘柄の適度な分散投資を続けてください。

ただし、ステージ2と同じやり方をそのままトレースするだけでは、うまくいくとは限りません。

私自身、これまでいくつかの目に見えない壁にぶつかりました。

私の場合、800万円前後で最初の壁にぶつかり、600万円くらいまで資産を減らしたり、1000万円近くまで増やしたりをくり返したあと、その壁をなんとか乗り越えられました。

その先にも、1500万円前後、3000万円前後で、次から次へと高い壁が立ちはだかりました。

なぜ壁があったのか。いろいろと考えてみた結果、株式資産の大きさに応じて銘柄数とロット（単元数）の組み合わせをうまく調整できなかったのが、足踏みを強いられた最大の原因だったとわかってきました。

投資スタイルを固めて投資スキルを磨くのはよいことなのですが、いつまでも同じ銘柄数とロットで勝負していては、訪れる壁を突破できなかったのです。

ステージ2の1000万円未満と同じやり方を、ステージ3の3000万円未満で継続すると、1銘柄あたりの投資額を固定した場合、銘柄数が最大3倍に増えてしまいます。

これだと分散のしすぎで十分なケアができなくなります。

逆に銘柄数を固定すると、1銘柄あたりの投資額が最大3倍になり、1銘柄あたりの投資金額は300万～500万円にもなります。

私には、自分がよいと思う銘柄が見つかったときに、最低限これだけは投資しようという基準があります。

流動性の低い小型株なら最低500万円、流動性がある程度ある中型・大型株なら1000万円といった具合です。

ただし、これは資金量によって変えていかないと、複利のパワーを十分に生かすことができません。

ある程度まで資金が増えてきたら、ロットの管理は非常に重要になってきます。

貯金ゼロの開業医が株式投資に目覚めたら

1000万円以上の株式資産を築いたこのステージになると、「これまで築いた資産をできるだけ減らしたくない」「リスクは極力減らしたい」という思いが強まる人も出てく

るはずです。

そういうタイプには、2つの選択肢が考えられます。

株主優待狙いの投資、またはインデックス投資へ切り替えるという選択肢です。

私の周りの個人投資家にも、株式資産が1000万円以上になった段階で、株主優待狙いの投資に切り替える人は少なくありません。

これは夫の収入で家計が十分にまかなえており、趣味で株式投資を楽しんでいる主婦に多く見られるパターンです。

株主優待狙いなら、優待が発生する1単元(100株)ずつ買って、数十銘柄に分散投資するのもアリです。

優待株狙いの投資家は、株主優待が届いたときのワクワク感が何よりの喜びだといいます。また、株主優待で家計が節約できるのがうれしいともいいます。

ステージ1と同じように、株主優待を楽しみながら、そこで節約できた分を証券口座に入金して新たな優待株を買うという好循環も生まれるでしょう。

ここまでの個別株投資の成績が、インデックス投資で期待できる平均利回り7%を下回っているなら、インデックス投資に切り替えるという選択肢もあります。

リスクを許容して個別株投資に励むのは、インデックス投資を上回るリターンを狙うためです。このステージまでの経験で、それが望めないなら、インデックス投資に切り替えたほうが合理的です。

なかでも資金力に余裕があり、証券口座に毎月多額の入金ができる〝入金力〟が高い人は、個別株ではなくインデックス投資でも大きなリターンが狙えます。

私の知り合いには、毎月（毎年ではなく）150万円ずつ証券口座に入金している兼業投資家がいます。その人は開業医で年収1億円以上ということもあって、それだけ多額の入金が可能なのです。

私と知り合う前、彼はそれだけの年収がありながら、貯金ゼロの状態。株式投資は一切していませんでした。

古典落語に出てくる昔の江戸っ子のように、「宵越《よいご》しの銭は持たない」という粋な生き方を実践し、稼いだお金は趣味の高級外車などに惜しげもなく費やしていたのです。

ところが、年齢を重ねてきて将来が漠然と不安になり、心を入れ替えたのだといいます。高級外車を売却してタネ銭をつくり、さらにネット証券に証券口座を開設して毎月150万円の入金を続けた結果、私が聞いた時点で証券口座には6000万円以上貯まっているといっていました。

元手が6000万円もあれば、毎月150万円の入金をストップしたとしても、過去のトラックレコード（運用実績）が7％ほどのインデックス投信で5年後に8520万円、10年後には1億2000万円になります（実際にはその人はインデックス投資ではなく、私と同じようにバリュー株投資をしています）。

この開業医の例は極端だとしても、ステージ3の上限である3000万円近くまで元手ができたなら、年利回り7％ほどで5年後に4260万円、10年後に6000万円、20年後には1億2000万円となる道が見えてくるのですから、年齢や目的によっては個別株に固執する必要はないということになります。

ステージ 4

3000万〜5000万円未満

（年間期待運用収益：300万〜500万円未満）

ポイント

- 金融資産で上位20%前後に入り「アッパーマス層」の仲間入り
- 会社員の平均年収に近い収益が期待できる
- 銘柄数を最大10銘柄まで増やす
- FIRE（経済的自立と早期退職）が目指せる
- 守りに入って住宅ローンを返済する

年利10％で FIREを目指すのもアリ

一般的に、純金融資産（金融資産の合計額から負債を引いたもの）が5億円以上を「超富裕層」、1億～5億円未満を「富裕層」、5000万～1億円未満を「準富裕層」、3000万～5000万円未満を「アッパーマス層」と呼びます。

全国の世帯数に対する割合では、日本における富裕層は全体の約2％、準富裕層は約6％、アッパーマス層は約13％とされています（野村総合研究所が各種統計などから推計したもの［2019年現在］）。

このステージ4はまさにアッパーマス層であり、純金融資産で上位20％圏内に仲間入りすることになります。

ステージ4になると、年間で会社員の平均年収に近い収益が期待できます。

これまでは3～5銘柄への適度な分散投資をすすめてきましたが、このステージでは銘

世帯の純金融資産保有額（2019年）

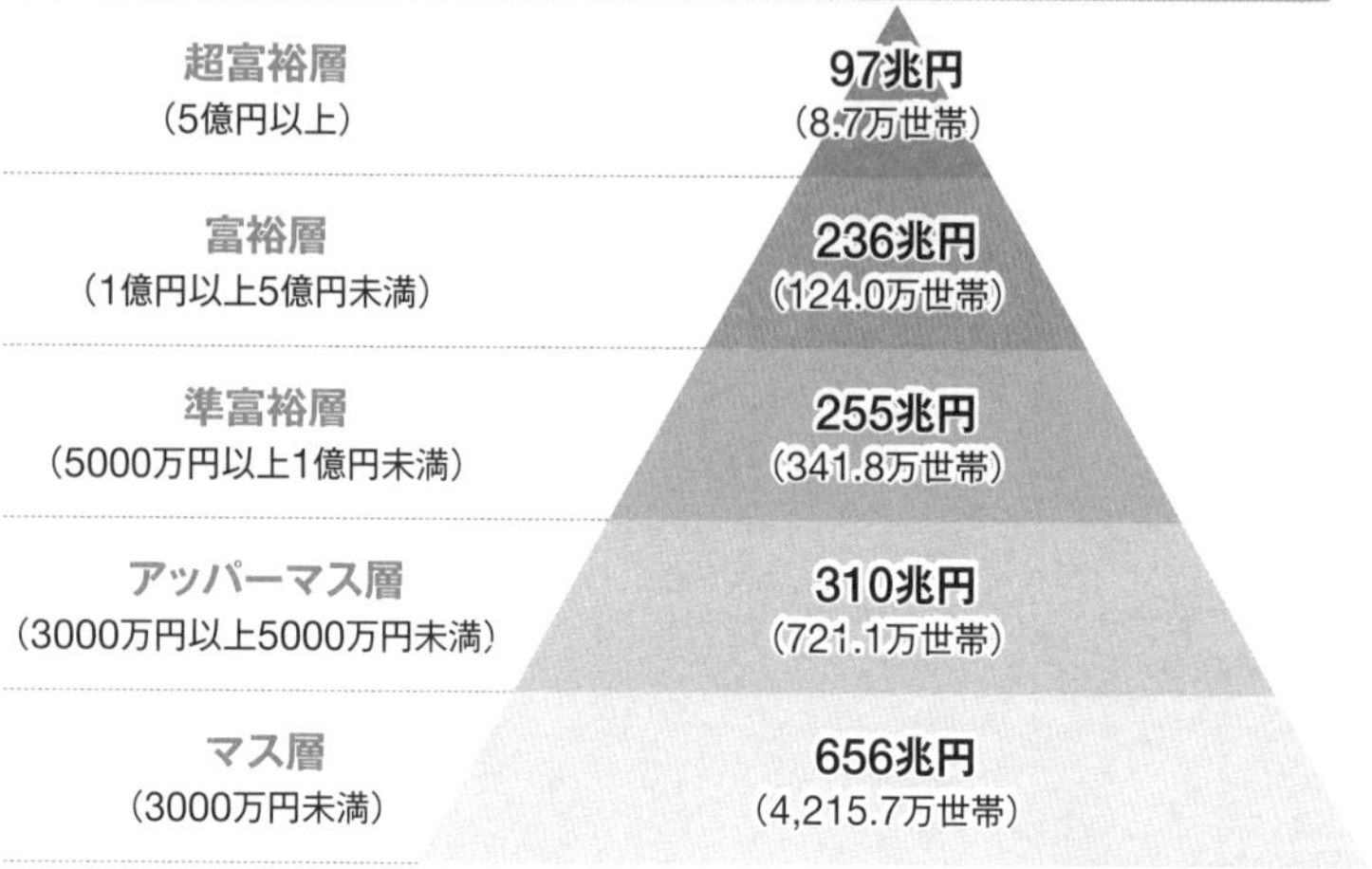

野村総合研究所による推計

柄数を少し増やしたほうがよいでしょう。

そうでないと、1銘柄あたりの投資額が大きくなりすぎてしまい、失敗したときの損も膨らむからです。

かといって銘柄数を増やしすぎると、やはり1つひとつの銘柄に丁寧に向き合えなくなる恐れがあります。ですから、増やすとしても6～10銘柄程度がちょうどいいでしょう。

一般的には7銘柄以上で十分な分散投資になるといわれますが、切りよく10銘柄を目安にするのも悪くないと思います。

このステージ4以降は、株式投資という狭い枠組みを超えて、この先の人生を見据えて、どういうライフプランを立てるかということも問われます。

個人投資家のなかには、「ＦＩＲＥ」（経済的自立と早期退職）を目指して株式投資を始める人が増えているようです。

ＦＩＲＥとは「Financial Independence, Retire Early」の頭文字を並べたもの。アメリカ発祥の生き方であり、経済的独立を果たし、会社勤めなら早期退職を志向するものです。

ＦＩＲＥの基本プランは、**「年間支出の25倍の資産を築いたら、あとはそれを年利４％で運用する」**ということ。投資が特別なことではなく、生活の一部になっているアメリカならではの発想です。

この「年利４％」という数字は、アメリカのインデックス（株価指数）の平均利回り約７％から、アメリカの平均インフレ率約３％を引いたものです。

仮に年間の生活費を４００万円として、それを年利４％で稼ぎ出すには、株式資産１億円が必要になります。

でも、**個別株の運用で年率10％の収益が上げられるとしたら、ステージ４の段階でもＦＩＲＥできる計算になります。**

インデックス投資で堅実に資産増を狙うのもアリ

これまでの運用で個別株投資に自信をつけたら、ＦＩＲＥをして兼業投資家から専業投資家になり、アッパーマス層を超えて準富裕層、富裕層まで上り詰めるという積極的な生き方もあり得るでしょう。

独身なら失敗を恐れずに株式資産のさらなる上乗せを狙う手もありますが、家族がいるならより保守的な生き方を選択するかもしれません。

３０００万～５０００万円未満の金融資産があれば十分だと思い、会社員生活を続けながら、資産をできるだけ減らさない保守的な運用を選択するのも悪くないでしょう。

ステージ1なら、保有株が10％下落しても含み損は最大50万円ですが、ステージ4では10％の下落で会社員の年収分が吹き飛ぶ恐れがあります。

それだと、かなりショックが大きくなります。そのペースで資産が減り続けたら、アッパーマス層から転落する恐れもあります。そう聞いたら、それまで株式投資を応援してくれていた家族も心配になってしまうでしょう。

ここまで築いた資産を守るため、この段階で個別株投資からインデックス投資に切り替えたとしても、5年後には4260万〜7100万円、10年後には6000万〜1億円の資産を築くことが期待できます。

持ち家などの住宅ローンを抱えている人のなかには、この段階でいったん利益確定をして、ローンを完済する人もいます。

不動産という資産は、好立地なら株式同様にインフレに対する有力な備えにもなります。住宅ローンを完済しても、まだ現金買付余力が残っているなら、仕切り直しで個別株投資を再び始めるのもよいでしょう。

住宅ローンを返済すると、少なくともそれまでのローン返済額と同じくらいの金額は、毎月証券口座に追加入金できるはず。そのお金で、保守的かつ堅実なインデックス投資に切り替えるという考えもあるのです。

ステージ
5

5000万〜1億円未満
（年間期待運用収益：500万〜1000万円未満）

ポイント

- 平均的なサラリーマンの2倍程度の収益が期待できる
- 個人投資家としてのメンタルの強さが問われる
- 株価変動を金額ではなくパーセンテージで見る習慣をつける
- インデックス投資との比較で評価する
- メンタルに自信が持てないなら、バリュー株投資を考える
- 配当金は再投資。あえてハイリスク・ハイリターンに賭けるのもアリ
- 人生との向き合い方を考えて、ライフスタイルのリセットも視野に入れる

メンタルの強さが必要になる

いよいよ最終のステージ5です。純金融資産5000万円以上の「準富裕層」の仲間入りを果たし、平均的な会社員の収入の2倍程度の運用収益が期待できます。

このステージで問われるのは、株価変動に対するメンタルの強さです。

投資額が増えると、株価下落時に抱える含み損も比例して増えます。大きな株価変動は経験していく過程で慣れていくものではありますが、多額の含み損を抱えてメンタルに悪影響がおよぶと、仕事や家事などが手につかなくなったりして、日々の生活に支障をきたしかねません。

最悪の場合、怖くなって株式投資が続けられなくなることも考えられます。

コロナ禍で株式市場が急落した際、私は1か月間で最大1億円のドローダウン（最高値からの下落額）となりました。

それまでは1日で1000万〜1500万円のドローダウンを食らったことはありましたが、1か月で1億円はさすがにキツかったです。しかし、その後の株式市場の回復基調により、逆にコロナ前より資産が5000万円増えたことは前述の通りです。

このステージになると、一時的に大きな含み損を抱えて落ち込むことも出てきます。ここまで株式投資の経験を積んできたとしても、数百万円、数千万円単位の含み損は平常心で許容できるものではありません。

ここで必要以上に落ち込まないコツが2つあります。

1つ目のコツは、**含み損を絶対的な「金額」（円）で捉えるのではなく、「パーセンテージ」（%）で捉えること。**

保有株の下落で400万円の含み損を抱えた際、「年収1年分だ」とか「車1台分だ」と思うと気落ちしてしまいます。そういうときは「4000万円の10%だ」というふうに、パーセンテージで捉えたほうが精神的なショックが比較的やわらぎます。

2つ目のコツは、**インデックス（株価指数）との比較で考えること。**

日経平均株価が10％下落したタイミングで、保有銘柄が10％下落しても、さほど問題はありません。日経平均株価が10％下落したのに、保有銘柄が5％しか下落しなかったら、大善戦です。その後、日経平均株価が上昇に転じたら、保有銘柄は大きな含み益を抱えることだって考えられます。

問題なのは、日経平均株価が10％下落しているときに、保有銘柄の下落率がそれを上回って15～20％も下落するケース。何が悪いのかを分析したうえで、そのまま持ち続けてV字回復を待つのか、損切りして別の有望な銘柄と入れ替えるのかを考えなくてはなりません。

その検証の積み重ねが、個人投資家としてのさらなるスキルアップにつながります。

メンタルに不安がある人こそ バリュー株投資

メンタル面にあまり自信がない人にこそ、私はバリュー（割安）株投資をおすすめしたいと思っています。

私は会社勤めもアルバイトもしたことのない専業投資家で、会社員の兼業投資家のように株式投資以外の収入源があるわけではありません。株式投資だけで暮らしていくために、保有資産をできるだけ減らしたくないという気持ちは、人一倍強いものがありました。

私がバリュー株投資を始めたのは、アジア通貨危機により1998年に株価を大きく下げたタイミングでした。そこで割安になった銘柄を探して投資をしたのです。

翌1999年、ITバブルの到来で株価はV字回復しましたが、私が買ったバリュー株は鳴かず飛ばずで、ぜんぜん値上がりしませんでした。でも、2000年にITバブルが崩壊して株価が暴落しても、私が買ったバリュー株は下がらなかったのです。

その気になれば1日中株価をチェックできる専業投資家だからこそ、株価が上がったり下がったりするのをいちいち気にするのがイヤになり、**株価変動率が低いバリュー株を選び、時間をかけて手堅く資産を増やす投資スタイルを確立させたのです。**

若い世代で複利の効果を十分に活かせる時間があり、メンタルにあまり自信がないのなら、私と同じようにバリュー株投資を検討してみるのもよいと思います。

このステージまで資産を増やせば、配当金による収益も大いに期待できます。

私は配当金狙いの投資はしていませんが、現在平均的な会社員の年収に相当する年500万円程度の配当金を得ています。

これは各ステージ共通のことですが、**配当金は「株式数比例配分方式」で証券口座への入金を選び、そこから出金することなく再投資に回すようにしましょう。**

特に会社員の兼業投資家は、毎月の給料で生活できるのですから、配当金は再投資するべきです。配当金の再投資は、個別株投資でインデックス投資に勝つために欠かせない重要な戦術の1つなのです。

配当金の再投資でハイリスク・ハイリターン狙い

配当金の投資先は、あえてリスクの高い銘柄にするのもよいと思います。

同じ100万円でも、会社員が働いて得たボーナス100万円（労働所得）と、配当金で得た１００万円（不労所得）では明らかに重みが違います。

給料で得た１００万円は大事に使いたいという意識が働きやすいと思いますが、配当金でもらった１００万円なら「ちょっとだけ冒険してみようか」という気持ちになれるのではないでしょうか。


リスクとリターンは1枚のコインの裏表のようなもの。高いリターンを狙うと損をするリスクも高くなり、リスクをできるだけ抑えようとすると期待されるリターンも減ります。

株式資産を大きく増やすには、あえてリスクを許容してハイリスク・ハイリターンの投資が必要な場面もあります。

配当金が元手なら、「仮にゼロになっても、配当金だから」と思えるので、思い切ってハイリスク・ハイリターンの株式投資にチャレンジできるでしょう。

そんな投資は10回に1回も実らないかもしれません。しかし、年間１００万円の配当金があれば10年で１０００万円分のハイリスク・ハイリターンの投資ができる計算です。それが1回でも当たれば、損失を上回る大きな含み益を積み上げることも十分にあり得ます。

富裕層の資産は、あるレベルを超えると加速度的に膨らみます。その理由は、このようなハイリスク・ハイリターンが抵抗なくできるからなのです。

お金持ちには、個人投資家の配当金のように、失っても後悔しないお金がたくさんあるともいえます。リスクの許容量がそれだけ大きいので、思い切った投資により得られるリターンも大きくなり、結果的にどんどん金融資産が増えていくのです。

一度立ち止まって人生をリセットしてみる

このステージでの最後のアドバイスは、**人生への向き合い方を改めて考えて、ライフスタイルをリセットすることも視野に入れてみることです。**

株式投資の最終的な狙いは、お金儲けではありません。お金は、たった一度の人生を幸せに送るための手段にすぎないのです。

たとえ株式投資をして億単位の資産を築いたとしても、それを使わないことには幸せになれないと私は思います。私自身、たった一度の人生を幸せに送るため、いろいろなことにお金を使うようにしています。

会社員として忙しく働いて、余暇を削って株式投資に励んできた人は、ここで一度立ち止まり、これまでの生き方をふり返ってみてはどうでしょうか？

仕事にも投資にも真剣になりすぎた挙げ句、ストレスがたまってカラダを壊したら、なんにもなりません。

仕事と投資に時間をとられすぎてしまい、大切な家族との時間が楽しめなくなったら、人生の幸せ度は低下するでしょう。

この先の人生をより幸せに送るため、仕事や投資に割く時間を減らして、その分健康のために運動に励んだり、旅行や団らんなどで家族との時間を充実させたりするという選択をするのもよいことだと思います。

それで投資効率が落ちて、資産の伸び率が低下したとしても、人生の幸せ度はむしろ向上するでしょう。

★★★★★

このステージ5をクリアしたら、資産1億円突破の「億り人」です。

ここまで株式資産を増やした個人投資家に対して、私からアドバイスすることはもうありません。

ここに至るまでに磨いてきたスキルと、投資眼を武器に資産運用を続けてください。

そのためには、攻めるだけでなく、せっかく築いた資産を守るために、経済情勢や株式市場の急変への備えもしておくべきです。

資産の10％を目安に、「金地金」といった現物資産の保有を検討してみてもいいと思います。

番外編❶

本質的な
価値を見極める

価値は「時間」「時期」「トレンド」で大きく変わる

この番外編では、基礎編と応用編を読んで株式投資にがぜん興味が湧いてきた人に、賢明なる個人投資家として成長するための、さらなるヒントを提供したいと思います。

番外編①では、**「本質的な価値を見極める大切さ」**について見ていきましょう。

あらゆるものの価値は、おもに**「時間」「時期」「トレンド」**で大きく変化します。その価値をわかりやすく教えてくれるのが、ものにつけられる「値段」です。

そして株価も「時間」「時期」「トレンド」で大きく変化します。

「時間」で価値が上がるものには、「骨董品」「ワイン」「ウイスキー」などがあります。

骨董品は「アンティーク」とも呼ばれますが、希少な古美術・小道具・家具などがあります。一般的にはつくられてから1世紀（100年）以上たっているものを「骨董品」と呼びます。

自動車や家電、スマホなどは、新品よりも中古品のほうが安くなります（希少価値のあるものは例外です）。しかし、骨董品は、古ければ古いほど、高値で取引されることが珍しくありません。

良質なワインやウイスキーには、時間をかけて寝かせると、味わいが深まるものがあります。そうしたものは、「ヴィンテージワイン」「ヴィンテージウイスキー」などと呼ばれ、高値で取引されています。

築古なのに高価格がつく分譲マンションを「ヴィンテージマンション」と呼ぶこともありますが（東京・渋谷区の１９８７年竣工「広尾ガーデンヒルズ」が有名です）、もともとヴィンテージとはブドウの収穫から瓶詰めまでの過程を指す言葉です。

落札されたもっとも高いワインの１つは、１９４５年の「ロマネ・コンティ」。ロマネ・コンティは、ワインを飲まない人でも名前を聞いたことがあるほど最高峰の赤ワインですが、なかでも１９４５年はブドウが史上最高の出来映えだったのに、収穫量が10分の１ほどだったため、希少性が高まりました。

２０１８年にはニューヨークで開催された競売大手「サザビーズ」のオークションで、

1945年のロマネ・コンティ2本が、55万8000ドル（約6300万円）と49万6000ドル（約5600万円）で落札されています。

一方、もっとも高く落札されたウイスキーの1つは、日本産です。日本産のウイスキーは世界的にも評価が高く、52年熟成の「軽井沢1960」は、ロンドンのサザビーズのオークションで、36万3000ポンド（約4690万円）で落札されました。

トレンドで価値が変わる代表例

多くの人が「時期」で価値が変わることを実感したのは、コロナ禍での「マスク」でしょう。

2020年、新型コロナウイルスの感染拡大が始まった頃、世界的にマスクが不足し、日本のコンビニからもドラッグストアからも商品が消えました。マスクの高値転売が非難を浴びて、政府は法律で禁止する措置をとったほどです。

一時は使い捨てマスクが1枚100円前後まで値上がりしましたが、品不足が解消すると一転して値崩れし、1枚10円以下まで値下げしても売れなくなりました。

1995年に発生した阪神・淡路大震災で、私は現地にボランティア活動をするために駆けつけたのですが、驚くような話を耳にしました。

とある小売店で、ソーセージを1本5000円で売っていたそうなのです。被災地では、まだ食料が不足している状態だったためか、1本5000円でも買う人がいると考えたのでしょう。

食料は、日本ではフードロスが問題視されるほど無駄に廃棄されていますが、天災などの危機的な状況が訪れると急速に不足して、異常な高値になることも十分考えられます。

「トレンド」の変化で価値が変わる代表例は、絵画などの美術品です。

現在では天才画家として高く評価されているフィンセント・ファン・ゴッホは、生前の評価は高くなく、生きている間には作品が数枚しか売れなかったそうです。

ゴッホは不遇のうちに、この世を去ったのですが、その後評価はうなぎ上り。残っている作品が少ないため、オークションで10億円を超える高値がつくことも珍しくありません。

日本のバブル期には、安田火災海上保険（現・損害保険ジャパン）が、ゴッホの『ひまわり』を当時の為替レートで、約53億円で購入して大きな話題となりました。当時の1枚の絵画の取引としては最高額だったのです。

私自身、こんな体験をしたことがあります。2004年に開催されたデザインフェスタで、ダンボールにユニークな絵を描く女性画家が出展していました。たしか1枚2万円で販売していたのですが、その後、彼女は有名な現代美術家となり、現在では1枚600万円で取引される作品もあります。私に見る目がなかったのですが、そこで仮に1枚でも買っておけば、大きな含み益になっていました。ちなみに彼女の名前は、「ロッカクアヤコ」さんです。

このほか、「トレンド」の変化で価値が変わるものに、ブリキ製やソフトビニール（ソフビ）製などのレトロ玩具があります。『開運！なんでも鑑定団』（テレビ東京系）という番組が、レトロ玩具を盛んにとり上げたこともあり、スポットライトがあたって一気に知名度が高まりました。

明治から昭和にかけてつくられたレトロ玩具は、コレクターズアイテムとなり、状態のよいものは数十万円から数百万円で取引されることもあります。
子どものお小遣いで買えたものが、１０００倍以上の価値を生んでいるのです。

1億円の値をつけるカード

骨董品や高級ワイン、絵画などの価値が高まるのは理解できるとして、レトロ玩具まで価値が上がるのは、なぜでしょうか？
それは、大枚をはたいてもほしいと思うコレクターがいるからです。
ほかの人にとっては、なんら価値が感じられないものでも、喉から手が出るほどほしいコレクターにとっては高い価値があるのです。

いま価値が上がっているものに、アニメの「セル画」があります。

かつてのアニメは、「セル画」と呼ばれる原画を1枚ずつ撮影し、それをパラパラ漫画の要領で連続再生してつくられていました。

30分のアニメ作品1本に、数千枚のセル画が必要になることもあったのです。

手書きのセル画でアニメをつくるには多大な労力を要しますが、現在のアニメはフルデジタル化されてセル画が不要になりました。こうして新たなセル画が描かれなくなったことにより、過去のセル画の価値が上がったのです。

１９７０年代のアメリカのディズニーランドでは、ディズニーアニメのセル画がお土産品として1枚10ドル、15ドルといった値段で売られていました。そうしたセル画には、現在１００万円の高値がつくものもあります。

長編アニメ『もののけ姫』などで知られるスタジオジブリの宮崎駿《はやお》監督は、過去にこだわりがなく、完成した作品のセル画は捨てていたそうです。

さすがにそれはもったいないということで、ジブリはセル画を『アニメージュ』という雑誌の通信販売で1枚１５００円とか、３０００円といった値段で売っていました。

そうしたセル画には現在、１枚３００万円の高値をつけるものもあります。

ここ数年で、セル画以上に価値が高まってきたのが、「ポケモンカード」や「遊☆戯☆王カード」といったトレーディングカードゲームの限定カードです。

ポケモンカードでいちばん高い限定カードの1つが、「ポケモンイラストレーター」。1997～98年にかけて開催されたコロコロコミック「ポケモンカードゲームイラストコンテスト」で優秀な成績をとった人だけに贈られたものです。

配布枚数はたった39枚であり、そのうち現存しているのは10枚程度といわれます。希少性が高いため、「ヤフオク！」で1枚4200万円で落札されたことがあるのです。

ポケモンカードでも十分高いのですが、それをはるかに上回るのが、遊☆戯☆王の「カオス・ソルジャー」です。

通常の遊☆戯☆王カードは紙製ですが、このカードはステンレス製。1999年、遊☆戯☆王カードの原点となったゲームの全国大会の優勝者1名だけにプレゼントされたものです。

世界に1枚しかないということで価値が高まり、一時9億9800万円でオークション

に出品されて大きな話題となりました。

このほかにも、数千万円から1億円の値がつく遊☆戯☆王カードも少なくありません。

私は遊☆戯☆王カードのコレクターではありませんが、そのブームから過去に投資のヒントをもらったことがあります。

私には年の離れた弟がいますが、その弟が遊☆戯☆王カードに夢中になっていたので、どこがやっているのだろうと興味を持って調べたところ、コナミホールディングス（9766）が親会社だとわかりました。

そこでコナミの株を買ってみたところ、1年で株価が5倍に跳ね上がりました。

100年以上価値が残るもの

一方、状況がどんなに変わっても、価値が上がり続けるものがあります。

すでに例に上げた骨董品と美術品もそうですが、それ以外にも「土地」「貴金属」「宝石」があります。

紙幣はいくらでも刷ることができますが、土地は有限です。しかも、時間がたっても劣化しません。東京都心の一等地である銀座や丸の内、ニューヨーク・マンハッタンのアッパーイーストサイド、パリの1区や5区、ロンドンのケンジントンやチェルシーといったところの不動産価格は年々右肩上がりになっています（もちろん場所や状況によっては価格が下がる場合もあります）。

貴金属には、「金」「銀」「プラチナ」などがあります。こちらも希少性があり、経年劣化しないという特徴があります。

なかでも、希少なのは金（ゴールド）です。これまで採掘された金の総量は、オリンピックで使われるプールの3杯分しかないといわれています。プラチナは、金よりもさらに採掘量が少なく、宝飾用以外にも産業用の需要があります。

また、このところ価格が上昇しているのは「パラジウム」です。こちらも宝飾用以外に産業用の需要もあります。

宝石で希少なのは、なんといっても「ダイヤモンド」です。最近は人工的につくれるようになりましたが、それでも天然のダイヤモンドの人気は衰えていません。

なかでも価値がぐんぐん上がっているのは、ピンクやブルーなどの色がついた「カラーダイヤモンド」。**特にピンクダイヤモンドの人気が高く、最高品質で大粒のピンクダイヤモンドは、1カラットあたり1億円の値段がつくものもあります。**

「カラット」とは大きさの単位と勘違いされがちですが、正しくは「重さ」の単位です。1カラットは0・2g。金は1g7000円前後ですから、0・2gだと1400円程度。金と比べてみると、1カラット1億円のピンクダイヤが、いかに高価かがわかります。

税制面や配当金などを考慮しなければ、株式以外に、土地や貴金属、宝石といった価値の高いものにお金を換えておくという考え方もあるのです。

本質的な企業価値を見極めた投資

株価もまた「時間」「時期」「トレンド」の変化などに応じてつねに上下します。安く買って高く売るという発想しかないと、「株価」ばかりが気になり、企業のどこに「価値」を見出すかという本質的なポイントを見過ごしてしまう恐れがあります。長期的目線で資産形成を考えたとき、この点はしっかり見定めておく必要があります。

すでに触れたように、**株価は、5年、10年といったロングスパンで見ると、その企業が持っている本質的な価値に収束する傾向があります。**

企業の本質的な価値を表す言葉に、「プライベート・マーケット・バリュー」（PMV）があります。このPMVは、投資ファンドなどがM&A（企業の合併・買収）を考える際、企業価値を見極めるために用いる手法です。

企業買収する際、いくらの値段になるかをはじき出す手法で、企業の本質的な価値に着目し、その価値に比べて株価が割安な企業へ投資するためのものです。

企業の本質的な価値を見極めるには、3つの視点があります。

1つ目は、「インカム・アプローチ」というものです。

これは、事業から期待される利益ないしキャッシュフローに基づいて価値を評価する方法です。

少しだけ難しい話をすると、企業が自由に使えるフリーキャッシュフロー（142ページ参照）を現在価値に割り引いて評価します。これはＤＣＦ法（ディスカウント・キャッシュフロー）といわれる手法です。

お金は、いつ受けとれるかで価値が違います。同じ1万円でも、今日の1万円と10年後の1万円では価値が違います。割引現在価値は、（インフレなどにより）将来受けとれる価値が、現在受けとれるとしたら、いくらになるかを計算したものです。

専門的で細かい話になるので、詳しいことは割愛しますが、ほかにも収益還元法、配当還元法などの評価アプローチがあります。


2つ目は、「コスト・アプローチ」というものです。

これは対象となる企業の貸借対照表に記載されている純資産から評価していく手法です。基本は会社の純資産を基準にする「簿価純資産法」ですが、実際は簿価より時価が上回っている資産があったり、逆に価値が失われている可能性のある資産もあったりします。

特に不動産や時価評価されてない子会社の株式を持つ企業は、実際の評価が大きく異なる可能性があります。そのため、私は時価で換算した不動産などの含み資産を加味した「実質ＰＢＲ」を独自に算出して評価するようにしています。

３つ目は、「マーケット・アプローチ」というものです。

たとえば、三井住友フィナンシャルグループ（８３１６）とトヨタ自動車（７２０３）、ソフトバンク（９４３４）など、まったく業種が違う企業を同じ視点で比べるのは、かなり無理があります。

銀行業と製造業とＩＴ企業では、ビジネスモデルや今後の成長余力など、評価する基準が異なるからです。

企業の本質的な価値を見極めるには、同じセクター内の類似企業と比べたうえで判断を下すべきなのです。これを「類似取引比較法」といいます。

三井住友フィナンシャルグループなら三菱ＵＦＪフィナンシャル・グループ(８３０６)、トヨタ自動車ならテスラ（ＴＳＬＡ）、ソフトバンクなら日本電信電話（９４３２）と比べて評価するということです。

2番手・3番手こそチャンスあり

「企業の本質的な価値」を見抜くことは大切ですが、それを踏まえた「投資行動に移るタイミング」も同じくらい大切です。

本質的な価値は高いのに、市場からまったく評価されず、株価が低迷している銘柄もあります。まだ誰も本当の価値に気づいていない銘柄を割安で買い、しばらくしてそのほかの大勢の投資家が、その価値に気づいて株価が上昇すれば、大きな利益が得られます。

実際の株式相場では、そのようなことがよく起こります。

ただし、**まだ誰も興味を持っていない銘柄の価値を最初に見抜いたとしても、すぐに投資する必要はありません。**

本質的価値を見抜いたとしても、そのほかの大勢の投資家がその銘柄の本質的な価値に気づいて株価が上昇に転じるまでには、タイムラグ（時間差）が生じがちだからです。

その間、株価がグズグズと低迷するなか、株式を売らずに持ち続けるのは結構なストレスにもなります。最悪の場合、ほかの誰も本質的な価値に気づかず、株価が上がらないまま数年単位で放置されるケースさえあるのです。

勇んでパーティーに参加してみたものの、いつまでたってもパーティーが始まらず、ポツンと1人、会場にたたずんでいるような状態です。

投資で大切なのは、大底で買って、最大限の値上がり益を得ようとする必要はないということです。

パーティーが始まり、まあまあ盛り上がった段階で、「どうやらいい銘柄があるみたいだぞ」と噂を聞きつけて参加するくらいがちょうどいいのです。

100人規模のパーティーなら20人、30人くらい集まったところで参加すれば、本質的な価値がある銘柄を適正価格より、やや安く仕入れられるというイメージです。

例を挙げましょう。パイロットコーポレーション（7846）は、2007年に「フリクション」という筆記用具を日本で発売しました（その1年前にフランスで発売しています）。

パイロットコーポレーション(7846)の株価変遷

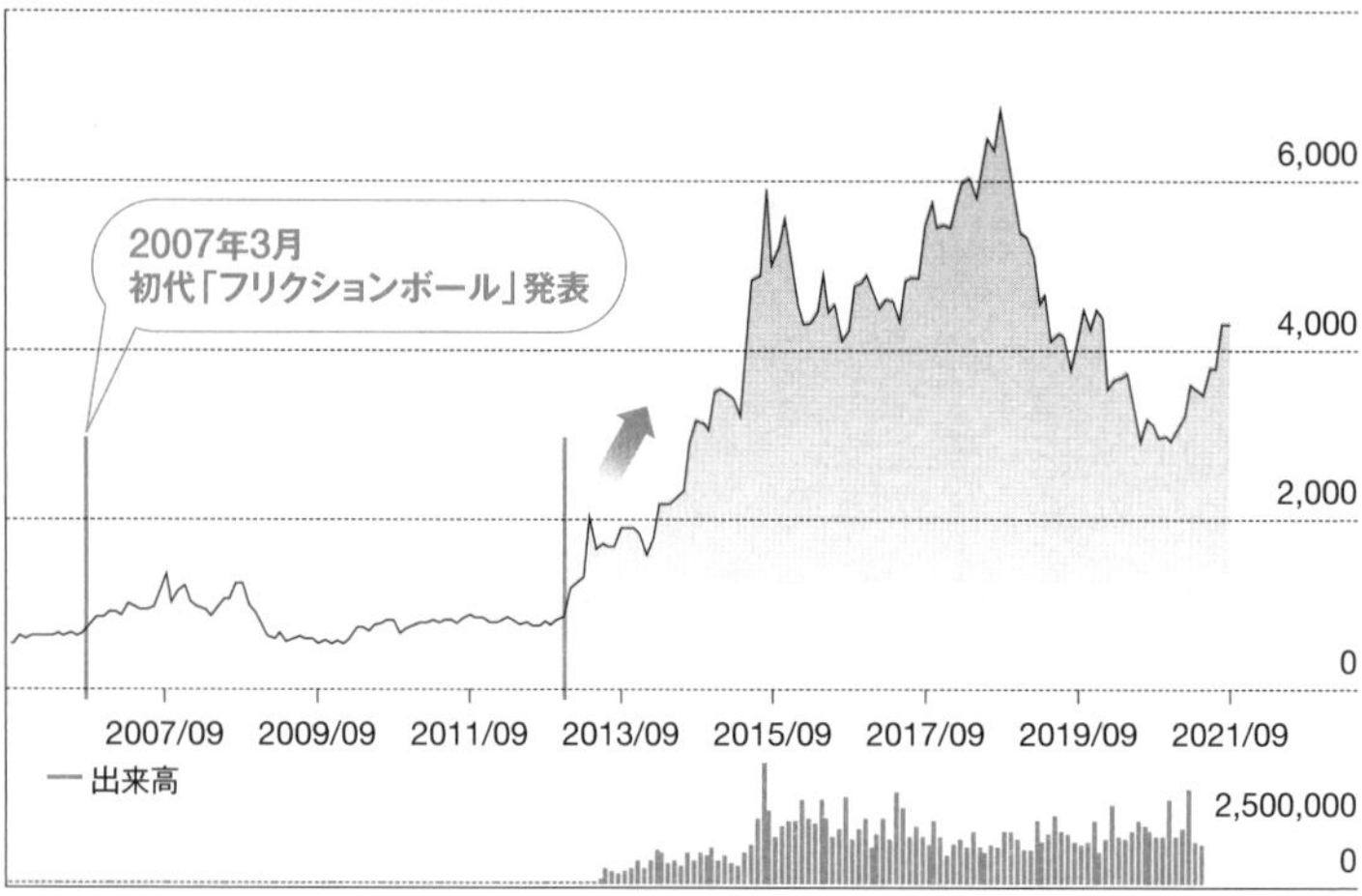

ご存じの人も多いと思いますが、フリクションは国内外で大ヒットを記録した「消せるボールペン」です。

フリクションのヒットでパイロットの売上高が伸びているのは、投資家ならわかっていたはずですが、それが株価に反映して本格的に上昇したのは2013年になってからのこと。つまり、約6年もかかっているということです。

フリクションの発売当時にわれ先にとパイロット株を買わなくても、その約6年後になってからパーティーに参加して株式を買っていれば、株価の値上がり益は十分に得られたということです。

ユニクロのファーストリテイリング（9983）も、ニトリのニトリホールディングス（9843）も、いきなりいまのような数万円単位の株価になったのではなく、売上高が伸びて世間から注目される過程で、少しずつ株価が上昇してきました。

その間に投資行動に移るチャンスを見出せばよかったのです。

そういう意味で私がいま注目しているのが、無印良品の良品計画（7453）です。コロナ禍では大きな打撃を受けて、2020年8月期には初となる最終赤字に転落しました。しかし、その後業績は急回復。2021年8月期は一転して過去最高益の更新を見込んでいます。

また、中期経営計画では「第二創業」として、2024年8月期に売上高7000億円、営業利益700億円の数値計画が発表されました。同時に2030年8月期には、売上高3兆円、営業利益4500億円と、かなり野心的な計画も公表されました。

正直、この数値を達成できる可能性は、現時点では低いと思います。しかし、ユニクロのファーストリテイリングで柳井正会長兼社長の後継候補とも目されていた堂前宣夫氏を新社長に迎えることで、再び大きく成長する可能性が期待され、株価は一時大きく上昇しました。

良品計画は国内では一定の知名度があり、中国でもその存在感を高めています。最近は衰退が進む地方都市での地域活性化を軸に、新潟・上越市の直江津に同社最大の店舗をオープンさせました。

こうしたとり組みが評価されれば企業価値も上昇し、業績にもプラスに働くと考えて、良品計画の株は私以外にかみさん、母親、父親も保有しています。

先ほど例に挙げた「ポケモンカード」「遊☆戯☆王カード」は、現在ではとんでもない価格で取引されていますが、すでに20年前にはプレミア化した一部のカードは数千円、数万円で売買されるようになっていました。

この段階で本質的な価値を見抜き、投資行動に移って購入した人は、大きな利益が得られたでしょう。

100人規模のパーティーに、80人目、90人目になってから駆けつけても、飲み物や食べ物が尽きてお開きを迎えつつあるのと同じように、株価が高くなり、高値づかみになる恐れがあります。

そのほかの大勢が目を向ける前、これから盛り上がろうとする20～30人目くらいでパーティーに参加するように投資するには、日頃からアンテナを高く伸ばし、経済や社会の動きに興味を持っておくことです。

フリクションや無印良品のように、B to C（消費者向け）銘柄であれば、何が流行り、どのくらい売れているかはなんとなくわかります。

買い物をしている最中に行列ができている店舗を見つけたり、人気を集めている商品のニュースを目にしたりしたとき、スマホをとり出して店舗名や商品名をネット検索することからでも、投資に必要な基礎的なデータは集められます。

日頃から経済と社会の動向に広く浅く関心を持つようにすることは、結構楽しいことでもありますから、ぜひ実践してみてください。

日本円だけでなく米ドルや金価格をベースに株価を評価

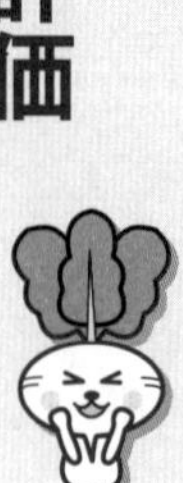

コロナ禍で一時は1万６０００円近辺まで下げた日経平均株価は、金融緩和の継続と経済を下支えするための多額の財政出動により、V字回復。一時は3万円を超え、バブル崩壊後31年ぶりの高値水準となりました。

「株価が高くなっているし、いまはバブルだという専門家もいるから、株式投資するタイミングではない」と手控えている投資家がいるかもしれません。

たしかに円ベースで見ると、現在の株価は高くなりすぎたと思えるのも無理はありません。ここで求められるのは、**物事を多角的に捉えて価値を見極める視点です。**

私は、インフレが進んで日本円の価値が下がっているから、日経平均株価は高くなりすぎたように見えるだけだと見ています。

たとえば日本円ではなく、金価格をベースに見てみると、日経平均株価は決して高値とはいえないのです。

金価格換算の日経平均の変遷

金はインフレに勝てる資産であり、希少性が高く、世界的に見ても価値の保全が約束されています。その金価格で日経平均株価を評価してみると、２００４年には「８」を超えていました。つまり「日経平均株価≒８ｇの金価格」だったのです。

ところが、２０２１年の日経平均株価を金価格で評価すると、「４」となります。つまり「日経平均株価≒４ｇの金価格」。

金価格ベースでいうなら、２０２１年の日経平均株価は、２００４年のおよそ半分ということになります。

日本の株価が十分に上がっていないのは、ほかの先進諸国と比べて、当初は新型コロナ対策の切り札とされるワクチン接種が思ったように進まなかったからでしょう。

一方で米ドルベースで見ると、日経平均株価はすでに１９８９年の史上最高値を超えているのです。

特にナスダック、S&P５００指数は２０２１年も年初から大きく上昇しましたが、日経平均は年初来マイナスの水準（２０２１年7月30日現在）でした。ところが、同年９月14日には、日経平均が年初来高値（３万０７１４円52銭＝同年2月16日）を更新しました。

前述のように、**日本の株式市場の取引のおよそ70%を占めているのは、外国人投資家です。彼らは、日本円ベースではなく、米ドルベースで日経平均株価や個別株の値動きを見て投資しています。**

その結果、日本円ベースで日経平均株価や個別株の値動きを見ている日本人投資家とは、違った評価を下すこともあるでしょう。

日本円ベースの視点だけで株式投資をしていると、判断を誤るリスクもあります。世界的に見て、日本円は米ドルに対して価値が保たれている強い通貨なので、あたり前のように日本円ベースで考えているという側面があるのです。

たとえば、インドの通貨ルピーのように、米ドルに対して弱く、貨幣価値の下落が日常的に起こっている国の投資家たちは、決して自国通貨だけで株式市場を評価するようなことをしないはず。

日本の投資家も、ときには金価格ベース、米ドルベースなどで相対的に株価を評価する視点を持つことも大事です。

「有形資産」だけでなく「無形資産」にも目を向ける

私が得意としているのは、企業が持っている資産価値に対して株価が低く評価されている資産バリュー（割安）株への投資ですが、ここでいう資産とは「現金」「株式」「土地」「建物」といった目に見える実体があるもの。これを「有形資産」といいます。

ところが、**近年では「無形資産」が特に注目されています。無形資産とは、目に見える実体がない資産のことです。**

企業の総資産価値における無形資産の割合

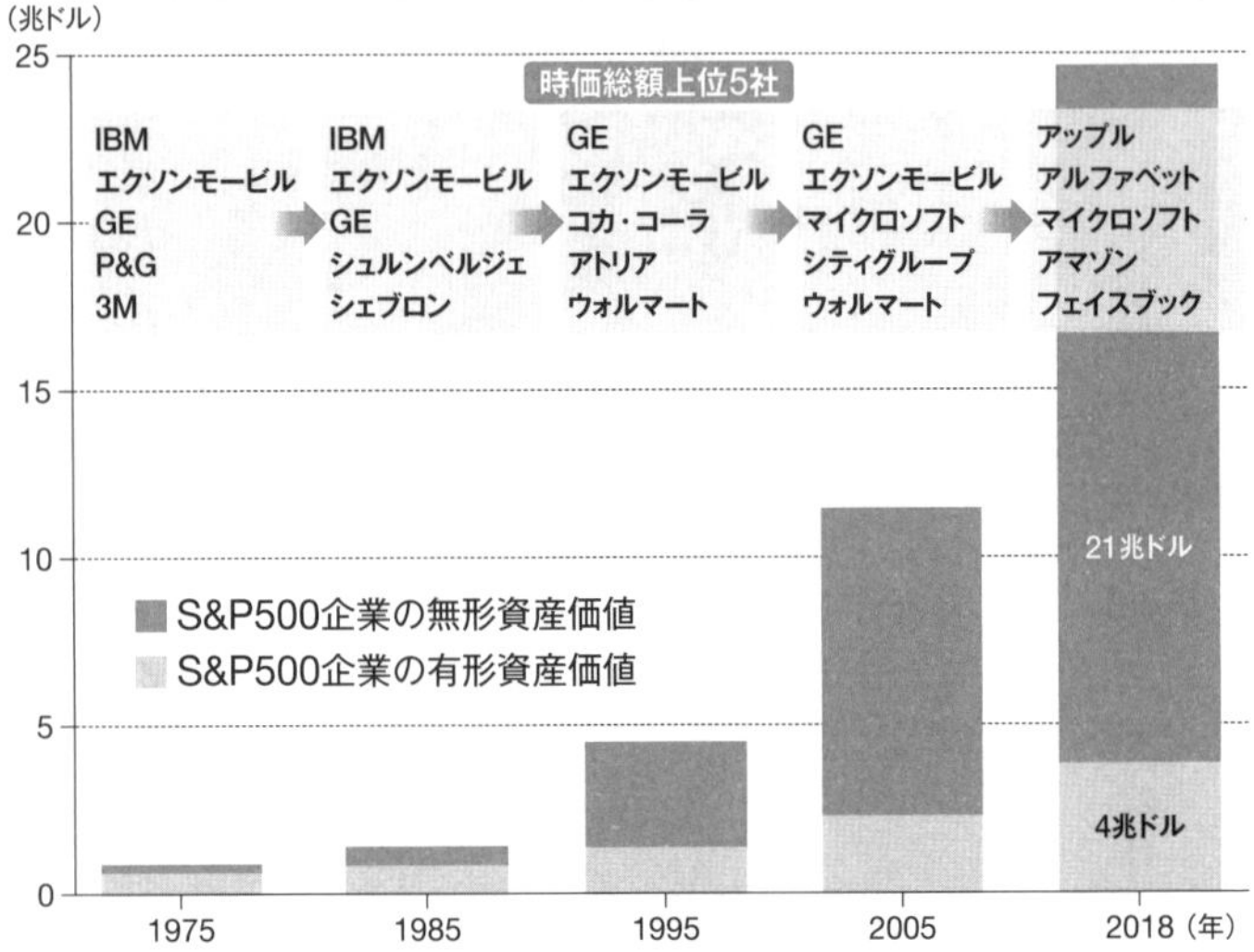

出所: 2019 Intangible Assets Financial Statement Impact Comparison Reportより作成

無形資産の代表例

のれん	買収額のうち 相手企業の純資産額を上回る部分
ソフトウェア	人工知能（AI）システム なども含む
研究開発	研究開発費の 一部を資産計上する場合も
知的財産	特許、商標などの権利
市場関連資産	ブランドや販売権など
顧客関連資産	顧客リストや顧客基盤など

無形資産には、「商標権（ブランド）」「特許権」「著作権」「ロイヤリティ（商標権・特許権・著作権などの使用料）」「ソフトウェア」「研究開発力」などがあります。

これらの無形資産が企業価値を高めるケースが増えてきました。

仮に、米コカ・コーラ社（ザ コカ・コーラ カンパニー［ＫＯ］）のコーラが１５０円で、聞いたことがない無名ブランドのコーラが１２０円で売っていたとします。

すると、多くの人は、たとえ30円高いとしても、コカ・コーラ社のコーラを選ぶのではないでしょうか？　これがコカ・コーラ社のブランド価値の源泉です。

あるいは、有機ＥＬ（エレクトロルミネッセンス）パネルを搭載した大画面テレビが、ソニー（ソニーグループ［６７５８］）製だと40万円なのに、無名ブランドなら30万円だったとします。10万円の価格差がありますが、この二者択一であればソニー製を選ぶ人も少なくないでしょう。

ちなみに、有機ＥＬは、韓国のＬＧエレクトロニクスが世界シェアのほぼ１００％を握っています。つまり、どこのメーカーの有機ＥＬテレビを選んだとしても、有機ＥＬパネルの出所は同じなのです。

東映アニメーション(4816)の株価変遷

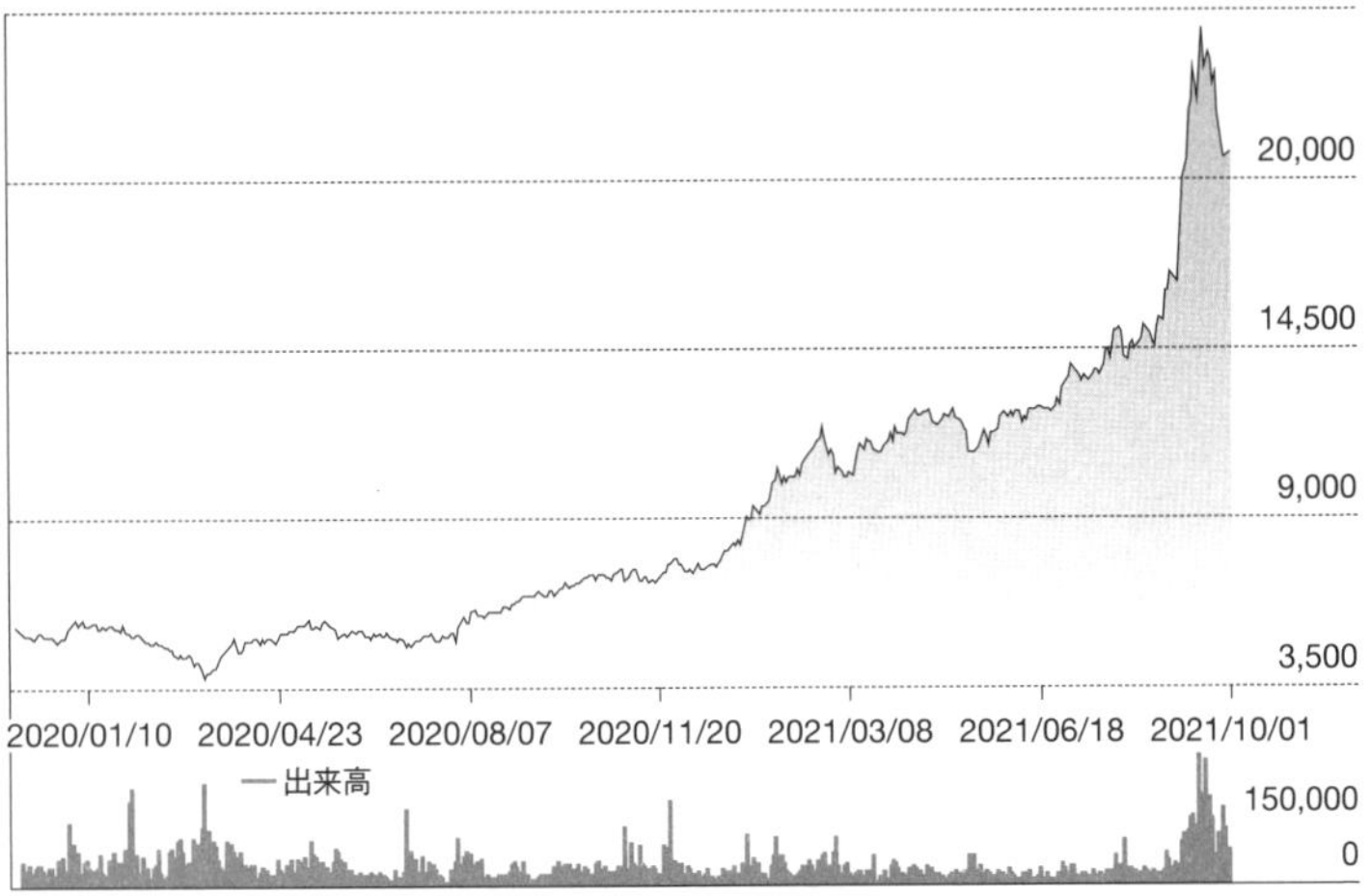

それでもソニー製を多くのユーザーが選択するとしたら、それはソニーが持っている無形資産（ブランド力）のおかげということです。

アメリカの巨大ＩＴ企業であるＧＡＦＡＭ（グーグルを運営するアルファベット、アマゾン、旧フェイスブックのメタ、アップル、マイクロソフト）は、いずれも有形資産よりも無形資産が大きいのが特徴です。

いずれも企業規模からするとめぼしい有形資産がないのに、株価が高く評価されるのは、「ブランド力」「ソフトウェア」「研究開発力」といった無形資産が優れているからです。

コロナ禍による巣ごもり需要で業績を拡大したネットフリックス（ＮＦＬＸ）も、無形資産が評価されている好例といえるでしょう。

ネットフリックスは、２００２年に１株１・21ドルでナスダック上場を果たしましたが、２０２１年10月８日時点の株価は５２０倍以上の１株６３３ドルで推移しています。

米ウォルト・ディズニー（ＤＩＳ）は、コロナ禍ではディズニーランドの休園を余儀なくされたのに、株価が上昇する局面が見受けられました。

それは「ディズニー・チャンネル」という過去のディズニー作品を含むサブスクリプション（定額課金）サービスを開始したからです。これも、無形資産が株価に反映した例といえるでしょう。

日本国内では、東映アニメーション（４８１６）の株価が伸びました。２０２０年前半には５０００円前後だった株価は、２０２１年には４倍以上の２万０４００円（10月８日）になっているのです。

好調の理由は、東映アニメーションがロイヤリティを持つ『ドラゴンボール』や『ワンピース』といったアニメ作品の人気が海外で高まっていることがあります。

「10万円記念硬貨」を評価する2つの視点

もう1つ、多角的に価値を捉える大切さを示す例を挙げましょう。

ここに昭和61年（1986年）に発行された「10万円記念硬貨」があります。発行枚数は1000万枚。保存状態はそんなによくないと仮定しましょう。

記念硬貨のコレクターからすると、発行枚数が1000万枚もあり、しかも保存状態が良好ではないとしたら、価値が高いアイテムとはいえません。

記念硬貨のコレクターの視点からすると、購入を見送るのが正しい判断でしょう。「額面が10万円なら、その価格で両替できるから買ってもいいけれど、10万円以上なら損をするから買わない」と考えるはずです。

しかし、この記念硬貨は20gの純金が使われています。そこで「金貨」という視点から記念硬貨を捉え直すと、新たな価値が見えてきます。

著者が保有する10万円記念硬貨

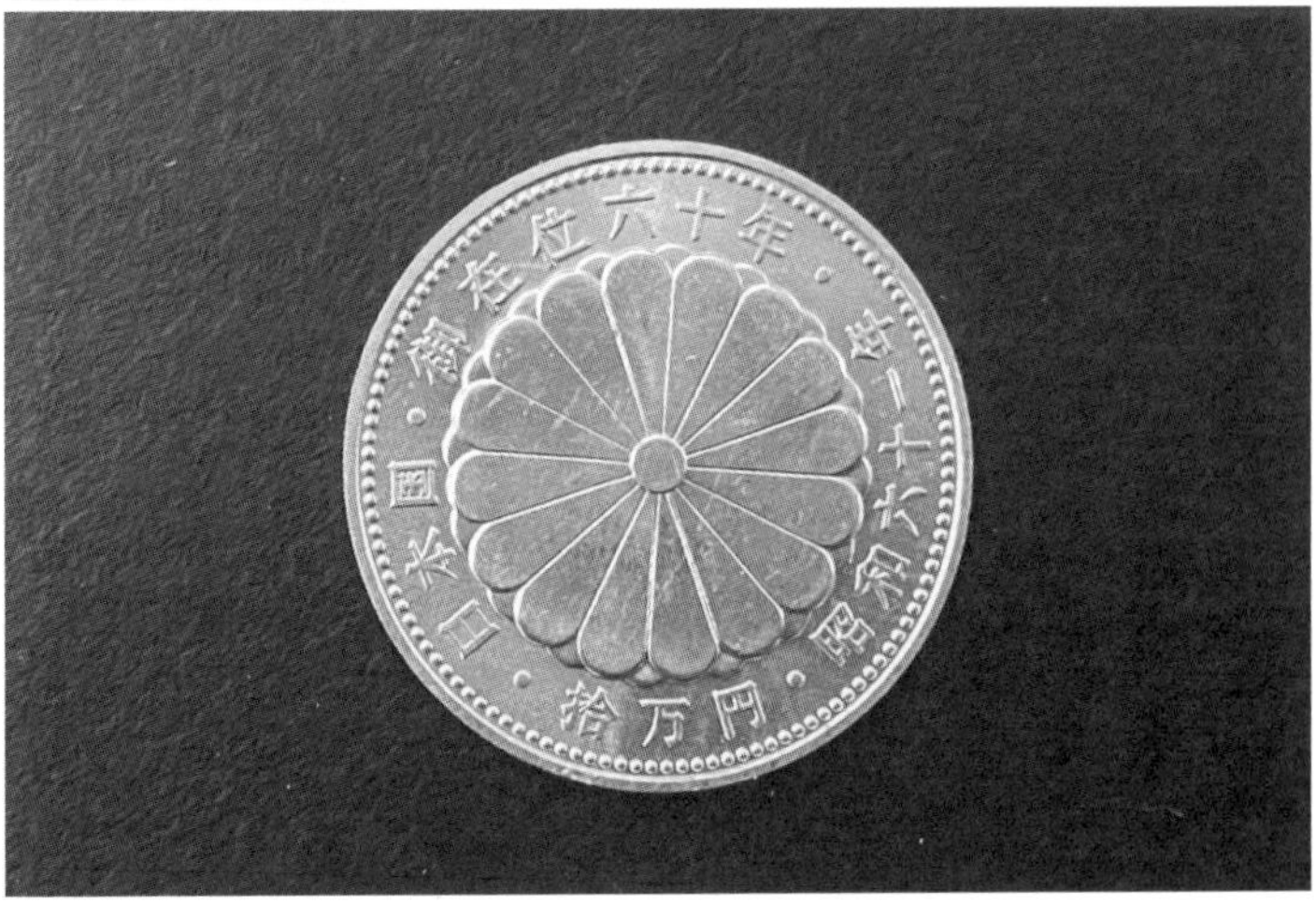

1gの金価格が7000円だとすると、この記念硬貨の金貨としての価値は7000円×20g＝14万円となり、額面10万円を大きく上回ります。

この記念硬貨を鋳造したときには、1gあたりの金価格はもっと安かったのでしょう。つくるのに14万円かかる硬貨を10万円で売り出すことは考えられません。

その後、金の価格が上昇し、額面10万円の記念硬貨に14万円という価値が生まれたとなると、コレクターからは評価されないとしても、有形資産としての価値は非常に高いといえます。

金に関連して話をするなら、私が以前投資したコメ兵ホールディングス（2780）のケースがあります。

コメ兵は、中古ブランド品などを手掛ける日本最大級のリサイクルショップです。興味を持ってその資産を徹底的に調べたところ、在庫のうちの約3分の1を金やプラチナなどの貴金属を主にした商品が占めることがわかりました。

バッグなどの中古ブランド品がいくらで売れるかは不透明ですが、金製品なら中古でも純金部分は市場価格で売却可能です。

株価が割安水準だと判断して購入したら、同じように判断する投資家が増えてきたのか、株価が3倍に上昇しました。

このように本質的な価値を見抜くには、いろいろな角度から企業を調べることが重要になるのです。

番外編❷

投資家としての五感を鍛える

ネット取引だけでは投資家としてのセンスを養えない

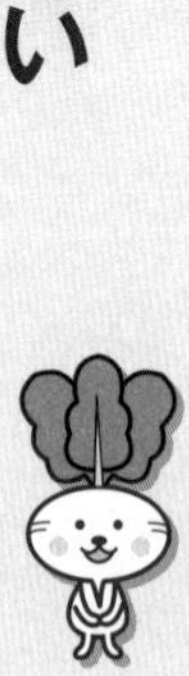

古い話になりますが、私が株式投資を始めた頃は、証券会社の窓口で直接注文を出して売買していました。いまでは手元にスマホさえあれば、インターネットを介していつでもどこでも手軽に株式投資ができる便利な時代になっています。

個人投資家のほとんどは、ネットで株の取引をしているでしょう。特に若い世代では、その傾向が強いのではないでしょうか。

スマホを使えば、株価がリアルタイムでわかるだけではなく、投資判断に必要な企業情報を得ることもできます。好きなときに売買注文が出せますから、スマホ1台で何もかもが完結します。

私自身も、ネット証券で株取引をしているのですが、ネットだけでは大事な何かを見逃したり、投資家に欠かせないセンスや感覚が養えなかったりする恐れがあるのではないか

とも感じています。

投資に関して何か疑問が出てきたとしても、スマホでネット検索をすれば、それなりに信頼性のある情報や指標が得られます。

若い世代はネット取引しか経験していないので、それがあたり前だと思うのも無理はありません。ですが、**スマホで誰でも等しく得られる情報だけで、投資判断を下すのはちょっと危険だと私は考えているのです。**

コロナ禍以降、テレワークが定着しました。パソコンやタブレットがあれば、自宅やコワーキングスペースなど、会社以外の場所で打ち合わせや会議に参加できたりするのはたしかに便利でしょう。

一方、対面で会うからこそのコミュニケーションや発見が得られないというデメリットは、多くのビジネスパーソンが感じているのではないでしょうか。

また、コロナ禍では以前のように自由に旅行に出掛けられない分、ユーチューブで名所をめぐる動画を見て、旅先の特産品をおとり寄せして味わうというバーチャルな楽しみ方も広がりました。

もちろん、それはそれでアリですが、やはり現地に出掛けて、その土地の特産品を食べたほうが、何倍も思い出深い体験になるでしょう。

ネットかリアルか、二者択一でどちらか一方が正しいという話ではありません。

しかし、一から十までネット上で完結する取引は、テレワークやバーチャルな旅行のようなものであり、大事なものを見逃す恐れがあります。

そしてスマホだけで株式投資をしていると、自分だけの情報を得るセンスや感覚が養えないので、投資家としての成長につながりにくいとも感じられます。

そこで大事なのが、投資家としての五感（視覚・聴覚・嗅覚・味覚・触覚）を鍛えることです。

スマホの画面からでは得られない、自分だけの発見をするために五感を研ぎ澄ますことが、投資家としての成長につながるのです。

この番外編②では、投資家としての五感をいかに鍛えるかについてお伝えすることにしましょう。

五感を鍛える（1）現場に足を運ぶ

B to C（消費者向け）銘柄に投資するなら、その活動がわかるような現場に足を運んでみましょう。

小売業や外食業なら、実店舗に行ってみれば、スマホからは得られない現場の生情報が得られます。

お店はどのくらい混雑しているか、どんな世代のお客さんが多いか、店舗の掃除は行き届いているか、スタッフの接客態度はどうか、といったことを五感で感じとるのです。

お店に活気があり、幅広い世代のお客さんでにぎわい、店内もきれいで掃除が行き届いており、スタッフたちの感じもよかったなら、現場の生情報としては将来有望です。

さらにその運営会社の業績などを調べて好調なら、投資のタイミングを検討してみてもよいでしょう。

2021年の緊急事態宣言下、地方都市在住の私は、所用で東京に出向いた際、「日本橋髙島屋」にふらりと立ち寄ってみました。

地下1階の食料品売り場をのぞいてみたところ、長い行列を見かけました。それはワイン売り場の行列だったのです（行列の模様をツイートしたら、それを見たテレビ局から「映像を使わせてください」という依頼が来たのでビックリしました）。

コロナ禍では蔓延防止のためにレストランやバーなどでワインを飲む機会が減り、その代わりにワインを〝家飲み〟する人が増えました。

ビールやチューハイ、安価なワインならコンビニでも買えますが、高価なワインはコンビニでは売っていません。ネット通販でも買えますが、特に高級ワインは髙島屋のように管理がしっかりしている老舗デパートなどで現物を見てから買いたいというニーズが根強いのでしょう。

髙島屋のワイン売り場での行列を目のあたりにして、ワインの輸入や小売りを手掛ける会社の株は買いかもしれないと思いました。ワインの輸入と販売を手掛けているエノテカ（2011年に上場廃止。現在はアサヒビールの完全子会社）が上場していたら、検討する価値はあったでしょう。

企業のＩＲ（投資家向け広報）などの開示情報は過去のものですが、現場で感じられるのは最新の生情報です。

現場を五感で感じるというアナログの生情報が、実は重要だと私は思っています。それによって、ほかの投資家より優位に立てると考えているからです。

私は、不動産や株式といった優良な有形資産をたくさん持っているのに、株価に正しく反映されていない銘柄に好んで投資しています。

なかでも〝含み資産〟として不動産を保有している銘柄に投資する前、必ず行っているのが「現地調査」です。企業のＩＲ情報で、どこにどんな土地や建物があるかを確認したら、そこまで足を運んでみるのです。

グーグルの地図サービス「グーグルアース」でもネットで周辺環境などを簡易的にチェックできますが、**実際に現地へ出向いて五感を働かせると、ネット検索では得られないリアルな雰囲気がわかるのです。現地の人の話をうかがって、貴重な情報が得られることもあります。**

こうした現地調査は面倒に思えるかもしれませんし、ＪＲ東日本（東日本旅客鉄道）のように大量の不動産を保有している企業であれば、すべてに足を運ぶわけではありません。

しかし、保有資産をきちんと調べておけば土地や建物といった有形資産の価値はそう大きく変わりません。あとは、企業がこれらの有形資産を手放したかどうかを開示資料でチェックするだけで済むのです。

こうした現地調査を、ときには投資家仲間とともに楽しんでいます。

五感を鍛える(2)
株主総会に参加してみる

株主なら誰でも参加できる株主総会も、生きた情報が得られる機会です。機関投資家でもない限り、個人で企業のトップと直接、顔を合わせる機会はありませんから、その意味でも貴重です。

株主総会は平日に行われることが多く、会社員の兼業投資家は参加しにくいかもしれません。しかし、株主は企業のオーナーであり、大事なお金を預けているのですから、力を入れている銘柄なら有給休暇をとってでも一度は足を運んでみるべきでしょう。

株主総会で私が注目しているポイントは、2つあります。

1つは、株主からの質問に誰が答えるか。

高く評価できるのは、社長自らが質問に答える企業です。

株主総会での発言や質疑応答は議事録に残りますから、適当なことをいってごまかそうとしたりウソをついたりすると、大変なことになります。

それでも社長自らが回答するのは、社長が自社の事業内容をきちんと把握しており、なおかつ事前にどんな質問があるかも想定できている証拠です。

そういう企業は、ガバナンス（企業統治）がしっかりしていると見ることができます。

一方で、「その点については財務担当の専務がお答えします」といった具合に、社長自身が説明しない企業もあります。もちろん、大企業の場合は社長がすべてのことを把握するのは難しく、答えられないかもしれませんが、私は社長が自らきちんと回答できる企業のほうが好感が持てます。

2つ目は、株主がどういう質問をするかです。株主総会に行くと、「配当をもっと増やしてください」「優待を増やしてください」と毎回同じ質問をする株主にうんざりさせられることもあります。もちろん、きちんとした理由があって、そういうことを主張するなら話は別です。

たとえば、「資本効率」によっては配当を出すべきではなく、むしろ無配にしたほうがいい企業もあります。

資本効率とは、企業が株主や銀行などから調達したお金を、どれだけ効率的に活用して稼げているかを示すもので、「ROE」（自己資本利益率）などの指標があります。

ROEが高い企業に、「配当を増やせ」というのは筋違いなことなのです。仮にROE20％の企業があるとすると、株主としては利回り20％の企業に投資しているようなもの。20％もの利回りが出せる企業に対して配当金を増やせというのは、私はナンセンスだと思います。

こうした質問が出てくるのは、株主が会社のことをきちんと理解していない証拠でもあります。株主は企業のオーナーなのですから、そういう株主が多いと企業側も株主のために頑張ろうと思う気持ちが少なくなってしまうのではないでしょうか。

私が株主総会でよく質問するのは、「配当性向」についてです。

配当性向とは、会社が税引き後の利益である「当期純利益」のうち、どれだけを配当金の支払いに向けたかを示す指標です。

私の質問は、たとえば「配当政策について質問します。ほかの企業では、自社株買いも含めて配当性向30％を目指すところもあるようです。御社は現在、安定配当を続けていますが、今後配当性向に関して検討したり、変更したりする余地はあるのでしょうか？」といった具合です。

この質問に対して、「そのまま安定配当を続けます」という答えもあれば、「自社株買いを考えています」といった答えもあります。私は質問に対する回答の中身よりも、社長自身がちゃんと答えられるかどうかを重要視しています。

形式的な株主総会しか開けない企業も、投資は見送るべきでしょう。

「しゃんしゃん総会」という言葉があります。質疑応答やまともな議論がなく、短時間で終わる形式的な株主総会を揶揄《やゆ》する言葉です。

しゃんしゃん総会では、企業の代弁者のような関係者（元社員のOB株主など）が最前列の特等席に居並び、提案された議案にその人たちが「異議なし！」「賛成！」「議事進行！」といった合いの手を入れて進行するなど、中身の乏しい株主総会になりがちです。

ある企業のしゃんしゃん総会に出席した私のかみさんは、「その最前列に並んだ株主の人たち、口裏合わせをしているのか知りませんけど、みんなでそろって『異議なし！』『賛成！』というのをやめてもらえませんか。気持ち悪いんで」と果敢に発言しました。

それから「異議なし！」「賛成！」の声が少なくなり、声も小さくなりました。そして総会が終わった後に、社長がわざわざ、かみさんの席まで謝りにきました（笑）。

その後、その会社はMBO（経営陣が参加する買収）となり、上場廃止をしました。MBOをすれば、一般向けの株主総会を開く必要はなくなります。

ひょっとすると、かみさんのひと言が、きっかけの1つになったのかもしれません。

株主総会に参加できない場合、機関投資家や証券会社のアナリスト向けの決算説明会の動画が公開されていないかをネット検索してみましょう。

決算説明会は、企業のトップが決算内容について直接説明するものです。投資のプロである機関投資家や証券会社のアナリストとの質疑応答もありますから、見ごたえがあります。ありがたいことに決算説明会の動画配信をする企業も最近は増えてきています。

五感を鍛える（3）
いろいろな人と交わる

同じような人たちとばかりつき合っていると、いつの間にか自分が見たいものしか見なくなったり、聞きたいことしか聞かなくなったりしがちです。それでは、投資家としての五感も鈍る一方です。

五感を鈍らせないためには、普段属している会社や組織以外の、幅広い人たちと交わることも大切だと私は思います。

すでに触れたように、私には年の離れた弟がいます。世代が違うので、私より下の世代がどんなことに興味を持ち、いま何がほしいと思っているのかをいつも教えてくれます。そこから投資のヒントを得たことが何回かあります。

先日、私は名古屋市でセミナーの講師を引き受けました。通常、講師はお断りしているのですが、「若手投資家向けのセミナー」だと聞いて、無償で引き受けることにしたのです。若い世代の投資家とコミュニケーションを図ることは、私自身の五感を刺激するうえで貴重な機会になると思ったからです。

昨今、会社がらみの飲み会に関しては賛否両論ありますが、バックグラウンドが異なる先輩や後輩と仕事以外の話が交わせるとしたら、会社の飲み会だって五感を研ぎ澄ます機会になると思います。

仕事関係ばかりではなく、職業も背景も異なるパパ友やママ友と交流するのも、五感を鍛えることにつながるでしょう。

コロナ禍では制限がかかりましたが、旅行で知らない土地に出掛け、知らない人たちと触れ合うのも五感の刺激となり、ゆくゆくは投資にも役立つと私は信じています。

投資家の「視覚」を鍛える

ここからは、投資家の五感について、1つひとつ解説していきたいと思います。

まずは投資家の「視覚」、目から入る情報についてです。

ヒトが周囲から得ている情報のおよそ8割は、視覚によるものだといわれています。スマホやパソコンの画面を見ている時間が延びていますから、現代人は8割以上の情報を視覚から得ているかもしれません。

投資の判断をするうえで欠かせない株価や企業の開示情報といったデータも、視覚によって得られます。スマホだけで投資を完結させるのが危険だとしても、こうしたデータを無視した投資はそれよりもはるかに危険です。

ここでも大事になるのは、投資の神様バフェット氏が、「われわれのような投資家には〝言葉〟のようなものです」とおっしゃる会計に関する知識です。

企業が開示した情報のなかから、**同じ数字の羅列を眺めていたとしても、会計に関する基礎的な素養がない人と、会計を少なからず理解している人とでは、そこから得られる学びは異なるはずです。**

会計を知らないとチンプンカンプンな数字の羅列なのに、会計を知っている人にとっては、それが投資のヒントを提供してくれる宝の山に見えることがあるのです。

また、すでに触れたように、BtoC銘柄のビジネスの現場を見たり、株主総会に出て質問をして、企業トップと対面して言葉を交わしたりすることも、視覚から投資を組み立てることにつながります。

投資家の「聴覚」を鍛える

次は「聴覚」についてです。

投資家の聴覚とは、「雰囲気や状況を察知する力」だと私は思います。

株式市場の投資熱が過熱気味なのか、それとも冷めているのか。耳をそばだてて、市場の雰囲気を冷静に察することも大切です。

たとえば、カフェや居酒屋などで株の話をする人が増えているかなど、周りの会話に少し耳を傾けてみるのも、れっきとした市場調査です。

BtoC銘柄なら、売り場などの現場の雰囲気やお客さん同士の会話など、細かいことを肌で感じることで、その企業に勢いがあるかどうかを判断するヒントになります。

売り場が熱気にあふれているとしても、若い女性ばかりが並んでいるような状況だと、運営企業は「流行株」で終わる可能性もあります。

流行株とは、市場で投資家の注目度が高く一時的に大きく盛り上がっても短期間で終息し、業績もブームで終わったりするような銘柄のことです。

かつて成長企業といわれていた銘柄にも、流行株で終わってしまったものが多くあるのが日本株の特徴でもあります。

参加者が多い銘柄は、株価が上昇したとしても、流行が収束した瞬間に下落に転じる恐れがあります。

若い女性はトレンドに敏感ですが、それだけに移り気であるともいえます。２０１８年からの第３次タピオカブームのとき、タピオカに最初に飛びついたのは若い女性でしたが、最初に飽きたのも彼女たちでした。

一方で老若男女の別なく、幅広い層が並んで活気にあふれている売り場なら、一時的な流行で終わらず、運営企業は成長を続けることも考えられます。

ネット上で聴覚を発揮して雰囲気をつかむとしたら、ツイッターなどSNSのつぶやきをチェックするのも有効だと思います。

気になる銘柄がツイッターでどのようにつぶやかれているかをチェックしてみるのです。グーグルなどの検索エンジンの検索結果は、生のデータではなく、運営側の基準に沿ってスクリーニングされたもの。悪い見方をすると〝検閲〟されたデータともいえるので、検索結果の上位に表示されたものが、現実にいちばん検索されているとは限りません。

その点、**ツイッターの検索で表示されるのは、スクリーニングされた結果ではなく、現在進行形でユーザーの生のつぶやきが垂れ流されたもの。いま現在の「リアルな声」を聞くことができます。**

もちろんツイッターの投稿は文字なので視覚からの情報となりますが、感覚的には聴覚に近いものだと思っています。

ツイートは個人の意見であり、それだけに玉石混淆《ぎょくせきこんこう》で確実性も低い情報ではありますが、なかには意外な発見もあります。

ツイッターでは、フォロワー数の少ない人のほうが好き勝手につぶやいている傾向があるので、興味深い情報が得られることがあります。

フォロワー数が多くなりすぎると、それ自体が影響力のあるメディアになってしまうので、あたり障りのないことしかいえなくなりがちなのです。

手前みそに聞こえるかもしれませんが、私のツイッターのフォロワー数は15万人を超えています（2021年10月現在）。それでも構わず、私は好き勝手につぶやいています。

たまには炎上したり、「お前には常識がない！」といった厳しい突っ込みが入ったりすることもありますが、最近ではそういう突っ込みに対して躊躇なくリツイートできるようになりました。

私は常識を知ってほしくてツイッターをやっているわけではありません。あるとき「常識なんてクソ食らえ。オレはオレなんだ」とつぶやいたら、１０００くらいの「いいね！」がつきました（笑）。

投資家の「嗅覚」を鍛える

理論的に説明できないのに、どういうわけか直感に訴えるような出来事に出くわすと、私たちは「何かにおうなぁ」といった表現をします。

それと同じように、**株式投資に求められる「嗅覚」とは、ピンとくるか、こないか。いわば「直感」や「予感」だと私は思っています。**

実際、嗅覚は五感のなかでも特に、理性よりも感覚に訴えるといわれているそうです。

２１３ページの例に則して語るなら、嗅覚を発揮すべきなのは、ある銘柄への投資をするタイミングが果たして正しいかどうか。

100人規模のパーティーで、自分がまだ十分にイケている20人目くらいの参加者なのか、それともタイミングの遅い80人目くらいの参加者なのかを、正しく見極める場面です。そこは株価などのデータのみに頼るのではなく、直感の出番です。直感はどうやったら養われるのかというと、私は経験やアンテナの高さだと思っています。

何度も同じような場面に遭遇すれば、経験則からある程度、先読みができるようになってきます。自分が興味のあることに関しては、人より早く情報を得られますし、なるべく多くのことに関心を持つことで、感度を高められると思います。

個人的な体験を踏まえると、「嗅覚=直感」に関しては、男性よりも女性のほうが優れているような気がしています。

「男性だから」「女性だから」といった分類が時代遅れなのは重々承知していますが、私自身は男性として女性の嗅覚にはかなわないところがあると感じているのです。

私のかみさんも母親も株式投資をしていますが、自分自身が使ったり周りの評判を聴いたりした商品やサービスを手掛かりに、直感を働かせた投資を続けたところ、2人とも株式資産1億円を突破しています。

特に、私のかみさんがいいという銘柄が、その後、爆上がりすることがあります。そういうときは毎回、かみさんから「私があのときすすめたのに、なんで買わなかったの？」とディスられています……。

私が「ちょっと割高だったから」と答えると、「指標ばかりにとらわれてるからでしょ。ピンとこないほうがおかしい」と厳しい指摘を受けることもあるのです。

いままでは割高だと思った銘柄でも、かみさんの助言を踏まえて「何かにおうなぁ」と思ったものに関しては、最低単元の１００株でも買うようにしています。

投資家の「味覚」を鍛える

世界的なレストランガイド『ミシュランガイド』の評価を左右するのが、味覚だといわれたら、誰もが納得するでしょうが、投資家の「味覚」を鍛えるといわれても、首をかし

げる人が多いでしょう。

投資家にとっての「味覚」は、私は「体験」だと思っているのです。

ミシュランの星つきレストランの口コミを熱心に読み込んだとしても、実際にそのお店に足を運んで料理を口にしない限り、正当に評価できません。

「馬には乗ってみよ人には添うてみよ」という諺《ことわざ》があります。馬のよしあしは乗ってみなければわからず、人柄のよしあしはつき合ってみなければわからないことから、何事も自分で直接経験してみようということですが、味覚もまた体験でしか学べないものです。

それは株式投資でも同じことなのです。

「味覚＝体験」を積むには、何よりも自分自身で「これだ！」と思った銘柄に投資をしてみることです。

それがたとえ失敗に終わったとしても、自分自身の頭で考えて判断したのであれば、それは貴重な「体験」として次の投資に必ず活きてきます。あちこちのお店の食べ歩きをしているうちに舌が肥《こ》えて、お店や料理の見極めが上手になるのと同じことです。

食べ歩きをするように、いろいろな投資経験を重ねるいちばんのメリットは、リスクに対する許容度が高まることやチャレンジする行動力が養われることだと思います。

株式投資でどれくらいのリスクが許容できるかは、個人差が大きいもの。このリスク許容度を、私は「器《うつわ》」と表現しています。

器が大きいと、大きなリスクにも耐えられますから、株式投資の選択肢が広がります。一方、器が小さいと、わずかなリスクでもストレスを抱えてしまいます。

器の小さい人が、値動きの激しい銘柄に投資すると、株価が気になってストレスになり、メンタルをやられかねません。器が大きい人なら、株価の変化にも心を乱されることなく、リスクを許容して大きな利益を得られるかもしれません。

この器の大きさは、株式投資を続けてリスクを体感するうちに徐々に慣れて、少しずつ大きくなってきます。

私自身は株式投資だけで生活費を稼いでいる専業投資家であり、投資の損得が実生活と密接にリンクしていますから、株式投資以外の収入源がある兼業投資家よりも、投資を始めた頃の器は小さかったと思います。

それでも、投資を続けて資産が増えるにつれて、器が大きくなり、リスクを許容するにつれて資産は右肩上がりになってきました。

食べ物に好き嫌いがあるように、株式にも相性があります。これも実際の投資経験を通じてわかってきます。

個人的な話をすると、私は銀行株とは相性がよくありません。過去に何度か投資をしたことはありますが、いずれも失敗に終わっています。

私は、企業を徹底的に調べてからでないと投資をしませんが、銀行は業務内容が複雑でビジネスの全貌を把握するのが難しいのです。企業を理解するための貴重なツールである有価証券報告書も分厚くて読み解くのが非常に困難なこともあり、投資がうまくいかないのでしょう。

140ページで触れたように、銀行株の多くが低PBRで、私が得意としている資産バリュー株投資的に見ると、かなりの割安水準の銘柄が多いです。しかし、銀行の将来性や自分なりの確信がないことから、いまは銀行株への投資を控えています。

なかには、銀行株と相性がよく、投資に成功している人もいるはずです。万人が絶賛する名物でも、食べてみないと好きか嫌いかが判断できないように、**どんな銘柄が自分に合うかは、やはり実際に投資をしてみないとわからないものです。**

その過程では、失敗して損をすることもあるでしょう。でも、経験を重ねて味覚が研ぎ澄まされてきたら、勝率が上がるようになり、自分と相性のよい銘柄を見つける過程で被った損をカバーして、大きな資産が築けるようになるのです。

投資家の「触覚」を鍛える

五感の最後は、「触覚」です。

２００９年１月に電子化されるまでは、株式を買うと、紙に印刷された「株券」が発行されて手元に送られてきました。かつてのように現物の株券があれば、それを見て触ることで「株式を買った」という実感が得られます。

では、株券が電子化された現在、投資家の「触覚」とは一体なんでしょうか？

私は、投資家の「触覚」は、投資に対する「手ごたえ」だと思っています。

ゴルフやテニスのようなスポーツでは、練習を重ねているうちに、「これだ！」とコツをつかむ瞬間が訪れます。それが私のいう手ごたえであり、それは株式投資を続けているうちに誰でも得られるものだと思います。

何に手ごたえを感じるかは、人それぞれです。

自分なりに調べて買った知名度の低い銘柄が、思惑通りに値上がりしたら、そこに手ごたえを感じる人もいるでしょう。

試行錯誤を続けながら、自分なりの銘柄選定の基準ができて、それに従って勝率が上がるようになって手ごたえを感じる人もいるでしょう。

いずれにしても本や雑誌、ネットの情報などを読んで知識を得るだけでなく、手ごたえを得ることを意識しながら実際に身銭を切って投資をしてみてください。その手ごたえの積み重ねによって、投資家として成長できるのです。

『刑事コロンボ』のように五感で集めた小さな情報を組み合わせる

『刑事コロンボ』という往年のテレビドラマシリーズをご存じでしょうか？
１９６０〜70年代にアメリカで制作されたドラマで、日本でも『金曜ロードショー』（日本テレビ系）で放映されて人気を集めました。名優ピーター・フォークが、ロサンゼルス市警察のコロンボ警部を演じています。

『刑事コロンボ』の特徴は、いわゆる〝倒叙《とうじょ》もの〟であること。多くの刑事ドラマや推理小説では、最後まで犯人はわかりませんが、倒叙ものでは最初に犯人が明かされ、刑事や探偵がどうやって犯人にたどり着くかを楽しみます。

２０２１年に惜しまれつつ亡くなった田村正和さん主演の『古畑任三郎』（フジテレビ系）も倒叙ものであり、『刑事コロンボ』にヒントを得てつくられたといわれています。

コロンボ警部はヨレヨレのレインコートがトレードマーク。「うちのかみさんがねぇ」が口グセの愛妻家で、見かけはまったく冴えない印象なのですが、小さな証拠をコツコツと積み重ねてひたひたと犯人に迫っていきます。見ている側は、すでに犯人を知っているのに、その見事な推理ぶりに心をわしづかみにされるのです。

私は『刑事コロンボ』の大ファンなのですが、株式投資でもコロンボ警部のように、五感を駆使して集めた小さな情報を集約することが大事だと思っています。

小さな情報をバラバラに見ているだけでは、なんのひらめきもありません。ジグソーパズルのピースを1つずつ眺めるだけでは、全体像が思い浮かばないのと同じです。

ところが、断片的な情報というピースが徐々に集まり、お互いの関係が浮かび上がってくると、全体像がイメージできるようになります。そこから新しいひらめきが得られるようになって、有望な投資につながっていきます。それが株式投資の醍醐味の1つなのです。

みなさんも投資家としての五感を磨いて、上質なミステリーをひもとくような気分で株式投資を楽しんでみてください。

五感で投資が楽しめるようになれば、末永く継続でき、中長期の運用で大きな株式資産を築ける確率も高まると思います。

おわりに

「なんのために株式投資をしますか？」と尋ねられたら、あなたはどう答えますか？

「そんなのお金を増やしたいからに決まっているでしょう」と答えたくなる気持ちはわかります。

しかし私は、株式投資はお金を増やすことだけが目的ではないと思っているのです。

本編でも触れたように、株式投資は人生を豊かにするための手段だと考えているからです。

株式投資をする際に一度立ち止まって考えてほしいのは、自分の人生で何がいちばん大切なのかということ。

世の中の多くのことはお金で解決できると考えている人は、やはり「お金」と答えるかもしれません。健康でないと何も楽しめないと思っている人は、「健康」と答えるでしょう。「家族」や「友だち」こそ、かけがえのない存在だと考える人もいるでしょう。

価値観は人それぞれですし、年齢を重ねるごとに大事にしたいものが変わってくるのは当然です。いずれにしても株式投資は、自分の人生にとって大事なものをより輝かせるためのものだと私は思うのです。

お金儲けだけを目標にしてしまうと、何が何でも「億り人」になりたいとか、会社員の生涯年収に匹敵する3億円を達成したいといった目標を立てたくなります。

お金儲けそのものが目的化すると、1億円でも2億円でも足りなくなり、5億円、10億円……とキリがなくなります。「まだまだ足りない！」とお金を求め続けるのが、果たして幸せな人生といえるでしょうか。

大切なものをより輝かせることができるなら、目標額は3000万円でも5000万円でも構わないのではないでしょうか。


私自身、これまでいちばん大切だと考えてきたのは「時間」です。

ビル・ゲイツ氏やジェフ・ベゾス氏のような大金持ちにとっても、株式投資を始めたばかりで資産がまだゼロの人にとっても、1日は等しく24時間であり、1年は等しく365日。家族や友だちもお金では買えませんが、家族や友だちと人生を楽しむためにも時間が欠かせません。

前著で触れたように、私は会計系の専門学校を卒業する頃、地元の証券会社数社から、「うちに来ないか？」と誘われました。

その誘いをきっぱり断り、専業投資家の道を歩んだ大きな理由は、会社勤めで自分自身の時間を奪われるのがイヤだったからです。

専業投資家の道を選んだからといって、会社員と比べて時間を持て余すような生活をしていたわけではありません。投資効率を上げるために、1日の大半を株式投資に費やすこともあります。

私はやりたくないことは絶対にしたくないタイプですが、株式投資は根っから大好きなので、それを苦だと思ったことはありません。

株式投資である程度の資産が築けたら、あとはその資産が働いてお金を生んでくれます。

残りの人生が短くなればなるほど、時間は貴重になります。私も40代後半になり、いまでは要所要所でメンテナンスをするだけで資金が回るようになり、幸いにも家族や友だちと好きなことをして過ごす自由な時間を満喫しています。

それは、専業で株式投資を続けてきたおかげだと思っています。

豊かな人生を歩むために株式投資をするなら、同時に人生の終わりも見据えるようにしたいものです。

人生という時間は有限ですから、いずれ終わりがやってきます。人生のゴールを迎える前に、最終的に何をやり遂げたいかを考えておくべきだと思います。

それが達成できたとしたら、一度きりの人生を「あぁ、幸せだった。もう思い残すことはない！」という深い満足感で終えられるのではないでしょうか。

いつになるか、まだわかりませんが、**私には死ぬまでにかなえたい1つの目標があります。株式投資で築いた資産の一部を元手に「かぶ1000財団（仮）」をつくりたいのです。**

その際は、趣旨に賛同してくれる投資家仲間にも声をかけて、協力を仰ぎたいと考えています。

規模はまるで違いますが、アルフレッド・ノーベルが創設し、毎年ノーベル賞を授与している「ノーベル財団」が理想です。

「かぶ1000財団（仮）」では、拠出金を株式の運用などで増やしながら、社会的に意義のある活動をしている団体に寄付したいと思っています。

私は折に触れて、さまざまな団体に少額ながら寄付をしていますが、その都度モヤモヤした気分を味わっています。寄付した団体から、「どんな活動にいくら使いました」という報告を一度もちょうだいしたことがないからです。

以前、とある団体に1億円を寄付した私の投資家仲間も、同じように、なんの報告もなかったことを嘆いていました。

上場企業は、有価証券報告書などの開示資料を公開する義務があります。その企業の株式を買った投資家は、オーナーの一員として、自らが投資したお金がどういうふうに使われたのかを詳しく知ることができます。

だからといって、寄付を受ける団体は、有価証券報告書のような詳細なリポートをつくって公開するべきだといいたいのではありません。でも、寄付する側からすると、手書きのメモでもなんでもいいので、「どんな活動にいくら使いました」という報告くらいはほしいのが本音です。

寄付金が有益に使われていると実感できたら、また寄付したいという気持ちにもなれます。

そこで「かぶ1000財団（仮）」では、寄付金をどのように使ったかという報告書を出してくれる団体に限り、寄付をしようと構想しています。

その報告書を精査すれば、それぞれの目的に応じて寄付金を効果的に使うにはどうしたらいいかというアドバイスが、多少なりともできると思ってのことです。

お金を無駄なく効率的に運用するノウハウについては、株式投資家だからこそできるアドバイスもあるのではないかと思っています。

個人レベルでも、組織レベルでも、そして国家レベルでも、限りあるお金を有効活用してうまく循環させる環境を整えられたら、日本はもっとよくなると信じています。

個人投資家として、「かぶ１０００財団（仮）」などの活動を通して微力でもそのお手伝いができるとしたら、私は笑顔で人生の終わりを迎えられると思っています。

最後まで本書を読んでいただき、どうもありがとうございました！

２０２１年冬

かぶ１０００

[著者]

かぶ1000（かぶせん）

個人投資家の間で絶大な人気を誇る名物投資家で、専業投資家歴30年以上の大ベテラン。中学２年生のときに５歳から貯めていた40万円を元手に株式投資を開始。中学３年生で300万円、高校１年生で1000万円、高校２年生で1500万円へと株式資産を増やす。会計系の専門学校卒業後、証券会社の就職の誘いを断って専業投資家の道へ。2011年に１億円プレーヤーの仲間入りを果たすと、その後も順調に資産を増やし、2016年に３億円、2019年に累積利益４億円を突破。時価総額に比べて正味の流動純資産が著しく多い「ネットネット株」や豊富な不動産含み益などを持つ「資産バリュー株」への投資を得意とする理論派で、保有株全体の運用利回り年20％超を目標に割安株の発掘にまい進している。「株式投資は人生最高の友」であり、株の話なら10時間でもノンストップで熱く語れる。中学２年生からの筋金入りの『会社四季報』ユーザーでもある。楽天ブログ『かぶ1000投資日記』やX（かぶ1000@kabu1000）、ツイキャスも人気。著書『貯金40万円が株式投資で４億円 元手を1000倍に増やしたボクの投資術』（ダイヤモンド社）がベストセラーに。

賢明なる個人投資家への道

2021年12月７日　第１刷発行
2024年３月25日　第３刷発行

著　者――かぶ1000
発行所――ダイヤモンド社
〒150-8409　東京都渋谷区神宮前6-12-17
https://www.diamond.co.jp/
電話／03･5778･7233（編集）　03･5778･7240（販売）
ブックデザイン―渡邉雄哉（LIKE A DESIGN）
編集協力――井上健二
イラスト――永井洋二（サンメッセ）
校正――――三森由紀子、鷗来堂
製作進行――ダイヤモンド・グラフィック社
印刷・製本―三松堂
編集担当――斎藤順

©2021 かぶ1000

ISBN 978-4-478-11482-7

落丁・乱丁本はお手数ですが小社営業局宛にお送りください。送料小社負担にてお取替えいたします。但し、古書店で購入されたものについてはお取替えできません。
無断転載・複製を禁ず
Printed in Japan